ブリッジブック
民事訴訟法入門

Bridgebook

山本和彦 著
Kazuhiko Yamamoto

信山社
Shinzansha

はしがき

　本書は、広い意味での民事訴訟法の入門書である。民事手続に関する法は、法律学を学ぶ初心者にとって、最も理解が難しい分野の1つではないかと思われる。民事手続に携わったことのない人間にとって、個々の制度や条文の意味を実感することは難しく、また手続の進め方という技術的な部分も大きく、無味乾燥な印象を否めない。「民訴」は「眠素」と評される所以である。しかし、民事手続は、まさにそこで民事実体法が実現される過程であり、多くの人間ドラマがある。そして、一見技術的に見える制度や規定の裏には、当事者、裁判所、納税者、訴訟外の第三者等の利害関係を精緻に調整する根拠がある。このような内実が理解できるようになれば、民事訴訟法への興味は大きくなり、学習意欲が増大する。本書は、ブリッジブック・シリーズの趣旨に沿って、本格的な民事訴訟法の勉強に入る前の方々を対象として、そのような民事手続法に少しでも興味をもって、主体的に将来の学習を進めていく手掛かりにしてもらうことを主な目的としたものである。

　以上のような意図に基づく本書は、以下のような特徴をもつ。

　第1に、細かな手続や規定の内容には立ち入らず、大きな制度として、それが何故存在するのか、を中心に叙述している。将来の本格的な学習においては、個々の規定を十分に理解してくことが重要であるが、本書は、その前段階として、より大きな枠組みで、手続の存在理由について理解してもらうことを目的としている。それによって、本格的な学習に向けた「知的体力」が養成できると考えるからである。

　第2に、狭義の民事訴訟法だけではなく、その周辺にある手続、つまり、民事執行、民事保全、家事事件等についても概要を説明した。これらの手続を理解することによって、初めて民事手続の全体

像が把握でき、それが民事訴訟法のより本格的な学習の際に大きな助けになると考えたからである。

　第3に、できるだけ興味をもって学習を進めてもらうために、初歩的知識から初めて、現在学界や立法の最先端で議論がされているような問題にもふれている。特に各講末のコラムでは、そのような問題を多く取り上げてみた。本書で学ぶことが一体どのような社会の具体的問題と繋がっていくのか、どのような理論的展開と可能性をもつのかを知ることが、学習意欲を高めると考えたからである。もちろん、学習の当初の段階で、その内容を完全に理解することは難しいと思われるが、そのような部分は、本格的な学習を進める中で、もう一度咀嚼していってもらえればと思う。

　本書では、司法制度改革後の新たな民事訴訟のあり方について、私が考えているところを率直に提示している。市民にとって利用しやすく、頼りがいのある民事司法はどのようなものであるべきか、という改革が投げ掛けた問いに、私なりに答えを模索してみたものである。21世紀の司法のあり方について、本書を手掛かりにしながら、まさに21世紀を担っていく読者の皆さんにぜひ自分の頭で考えて頂きたい。

　本書の執筆に際しては、信山社の今井守氏にお世話になった。何度も挫折しかける意志薄弱な私の研究室を足繁く訪れて頂いた今井氏の熱心な勧めと励ましがなければ、本書がこのような形で世に出ることは決してなかったであろう。心よりの御礼を申し上げる。

　最後に、私事であるが、本書を次女夏葉に捧げることをお許し頂きたい。

　　2011年1月

　　　　　　　　　　　　　　　　　　　　　　山　本　和　彦

ブリッジブック民事訴訟法入門 Bridgebook

【目　　次】

◆ 第 1 部 ◆　民事訴訟法の社会的役割を学ぶ

第 *1* 講　私たちの法的利益を守る公的紛争解決サービス ── *3*

　1　なぜ民事訴訟が必要なのか……………………………… *3*
　　🍃望ましくない社会──自力救済の問題 (*4*) ／🍃民事訴訟制度の必要性 (*4*) ／🍃手続法＝民事訴訟法の必要性 (*6*)

　2　民事訴訟には何が期待されるか………………………… *7*
　　🍃当事者の法的利益の救済 (*8*) ／🍃紛争解決説との差異 (*8*) ／🍃法秩序の維持 (*10*) ／🍃公的サービスとしての民事訴訟 (*11*) ／🍃必要とされる公的サービスの質 (*11*) ／🍃手続保障＝目的論 (*12*)

　3　民事訴訟の限界と色々な手続方式……………………… *13*
　　🍃話合いによる紛争解決 (*13*) ／🍃判決後──民事執行 (*14*) ／🍃判決前──民事保全 (*15*) ／🍃非訟手続 (*16*)

　　コラム　「私的権利保護協会」の可能性──自力救済の哲学 (*17*)

第 *2* 講　民事司法サービスと私たち ──────────── *19*

　1　一般市民の利益保護手段としての民事訴訟…………… *19*

◆一般市民の遭遇する様々な紛争 (*19*) ／ ◆紛争解決の
　　　困難性 (*20*) ／ ◆一般市民と民事訴訟の遠さ (*21*) ／ ◆近
　　　年の司法アクセスの改善 (*22*) ／ ◆法教育 (*23*)

　2　経済活動・企業活動の視点から見た民事訴訟………… *23*
　　　◆経済活動上の紛争 (*23*) ／ ◆増大する民事訴訟の重
　　　要性 (*24*) ／ ◆企業にとって利用しやすい民事訴訟 (*25*)
　　　／ ◆公共財としての判例 (*27*)

　3　司法制度の改革……………………………………………… *28*
　　　◆司法制度改革の流れ (*28*) ／ ◆民事訴訟制度への影
　　　響 (*29*) ／ ◆専門訴訟の改善 (*30*) ／ ◆法曹人口増大と民
　　　事訴訟への影響 (*32*) ／ ◆一般市民の司法アクセスの拡
　　　大 (*32*)

　　　コラム　行政改革・規制緩和と司法制度改革 (*34*)

◆第2部◆　民事裁判手続の理念と方法を学ぶ

第*3*講　様々な紛争と様々な民事司法サービス ──── *39*

　1　様々な紛争とそれに合った解決方法…………………… *39*
　　　◆通常民事訴訟と法律上の争訟 (*39*) ／ ◆民事訴訟以
　　　外の解決手続──人事訴訟・家事審判 (*40*) ／ ◆簡易迅
　　　速な解決 (*41*)

　2　どこに何を訴え、どのように解決していくのか……… *44*
　　　◆どこに訴えるのか (*44*) ／ ◆何を訴えるのか (*46*) ／
　　　◆裁判の方式 (*47*) ／ ◆口頭弁論の必要 (*47*)

　3　手続の流れと現実の姿…………………………………… *48*
　　　◆訴えの提起 (*48*) ／ ◆口頭弁論の手続 (*49*) ／ ◆争点

整理手続《50》／ 証拠調べ《50》／ 判決と和解《51》
／ 上訴《52》

コラム　民事訴訟の迅速化の状況《54》

第4講　民事訴訟における手続保障の意義と当事者の権利・義務 ── 55

1　手続保障は何のために必要か……………………………55
　　手続保障の根拠《56》／ 公的サービスとしての手続保障《58》

2　当事者の手続上の権利はどのようなものか……………59
　　基本的な当事者の権利《59》

3　当事者が民事司法サービスを受けうる要件は何か
　　── 訴訟要件…………………………………………64
　　訴えの利益《64》／ 当事者適格《66》／ 訴訟要件の緩和の必要性《68》

コラム　新たな「当事者適格」── 住民訴訟、代表訴訟、団体訴訟等《69》

第5講　裁判所の担う公的サービスの役割とは ── 70

1　当事者主義と職権主義のバランス………………………70
　　当事者主義と職権主義《70》／ 当事者主義を徹底する考え方《71》／ 職権主義を徹底する考え方《71》／ あるべき役割分担の方向性《72》

2　民事訴訟手続における裁判所の役割は何か……………75
　　争点整理手続と裁判所 ── 実体形成における裁判所の役割《75》／ 審理計画と裁判所 ── 手続形成における裁判所の役割《77》／ 共同進行主義《79》

3　あるべき裁判所のスタンスはどのようなものか………… *79*
　　　　🍃訴訟の内容形成面──当事者主義の復権（*80*）／🍃訴訟の手続形成面──審理契約論と要因規範論（*81*）
　　（コラム）裁判所の釈明義務の範囲──国家観の変遷との対応（*84*）

第6講　当事者の主張と争点の整理 ─────────── 86

　　1　当事者の主張立証活動の基本的原則──弁論主義………… *86*
　　　　🍃事実審理の進め方（*87*）／🍃「弁論主義」を基礎とする理由（*88*）／🍃現実の姿（*89*）／🍃弁論主義の根幹と釈明による補充（*90*）
　　2　争点整理とは何か…………………………………………… *91*
　　　　🍃否認と抗弁（*91*）／🍃争点整理の実質（*92*）／🍃証拠整理（*93*）／🍃争点整理と弁論主義（*94*）／🍃審理効率化のための争点整理（*94*）
　　3　争点整理の手続としてどのようなものがあるか………… *95*
　　　　🍃争点整理制度の歴史（*95*）／🍃近年の改革──3種類の新たな争点整理手続（*97*）／🍃改革の成果と課題（*99*）
　　（コラム）民事訴訟審理改革運動（*101*）

第7講　事実認定と証拠 ──────────────── 102

　　1　事実の認定はどのように行われるか……………………… *102*
　　　　🍃証拠裁判主義と証拠収集（*102*）／🍃証拠の収集方法（*103*）／🍃証拠収集権の重要性と制度の課題（*105*）／🍃自由心証主義（*105*）
　　2　証拠調べの手続はどのようなものか……………………… *106*

🌿5つの証拠調べの方法 (*106*) ／ 🌿陳述書 (*111*)

　3　証明ができない場合はどうなるか………………………… *111*
　　　🌿証明度 (*111*) ／ 🌿証明責任の意義 (*112*) ／ 🌿証明責任の分配 (*113*) ／ 🌿証明責任の転換 (*114*) ／ 🌿現代社会と証明責任原理 (*115*)

　（コラム）証明責任の転換と証明度の軽減 (*116*)

第8講　訴訟の終了とその効力 ── *118*

　1　訴訟の終了の仕方にはどのようなものがあるか………… *118*
　　　🌿判決と和解 (*118*) ／ 🌿当事者の一方の行為による一方的終了 (*119*) ／ 🌿判決 (*120*)

　2　判決の効力の範囲……………………………………………… *122*
　　　🌿執行力 (*123*) ／ 🌿仮執行宣言 (*123*) ／ 🌿既判力 (*123*) ／ 🌿形成訴訟と形成力 (*125*) ／ 🌿対世効 (*126*)

　3　訴訟上の和解の意義…………………………………………… *127*
　　　🌿和解 (*127*)

　（コラム）訴訟上の和解とADR──裁判所の役割はどこにあるのか (*132*)

第9講　不服申立ての仕組み ── *133*

　1　判決に不服がある当事者の救済方法………………………… *133*
　　　🌿上訴制度 (*133*) ／ 🌿控訴審 (*134*) ／ 🌿上告審 (*136*)

　2　三審制度の意義と限界………………………………………… *137*
　　　🌿上告審のあり方 (*138*) ／ 🌿裁判所の負担過重 (*138*) ／ 🌿様々な対応策 (*139*)

3 抗告と再審の現代的意義……………………………………142
　　　●抗告（142）／●許可抗告（143）／●再審（144）
　　コラム　不服申立て制度のあり方——異議制度の意義と上訴の制限（147）

◆第3部◆　民事執行・保全制度の理念と方法を学ぶ

第10講　民事執行制度の社会的役割 ——————— 151

1 経済社会における民事執行の意義……………………………151
　　●民事執行とは（151）／●民事執行の社会的機能（152）／●私的実行の可能性（155）
2 民事執行の方法……………………………………………………156
　　●金銭執行（156）／●非金銭執行（159）
3 債権者と債務者の利害のバランス
　　——執行妨害と苛酷執行…………………………………………161
　　●執行妨害（161）／●苛酷執行の防止（163）／●求められるバランス（164）
　　コラム　競売手続の「民営化」——非司法競売の当否（166）

第11講　民事保全制度の社会的役割 ——————— 167

1 民事保全制度の必要性と種類……………………………………167
　　●民事保全制度の存在意義（167）／●仮差押え（168）／●係争物に関する仮処分（169）／●仮の地位を定める仮処分（170）
2 民事保全手続の基本的な原則……………………………………172
　　●保全処分の基本原則（172）／●仮の地位を定める仮

処分での異なる取扱い（174）
3 民事保全手続の大きな流れ……………………………176
　🌿保全命令の審理対象（176）／🌿担保（178）／🌿保全異議（179）／🌿保全取消し（179）／🌿保全執行（180）
　コラム 仮の地位を定める仮処分の本案代替化（182）

◆ 第4部 ◆ 現代型民事訴訟の特徴と特別の民事裁判手続

第12講　大規模訴訟や専門訴訟の困難さと対処方法 ── 185

1 大規模訴訟の問題とそれへの対応………………………185
　🌿公害訴訟と立証の問題（185）／🌿消費者訴訟（186）／🌿環境訴訟（188）
2 専門訴訟の問題とそれへの対応…………………………190
　🌿専門的知見の必要性（190）／🌿鑑定とその問題点（191）／🌿裁判所・弁護士の専門化（193）／🌿専門委員制度（193）／🌿専門ADR（194）
3 「現代型訴訟」の意義──政策形成機能の評価………195
　🌿具体的訴訟と政策への影響例（195）／🌿消極的見解──司法の役割の限界（197）／🌿積極的見解──改革の契機としての司法の役割（198）
　コラム 知財戦略と民事訴訟（199）

第13講　簡易・迅速・廉価な紛争解決手続 ──────── 200

1 簡易訴訟・裁判手続の基本的構造………………………200

🍃簡易・迅速な訴訟の類型——手形・小切手訴訟と少額訴訟（201）／🍃共通の手続構造（202）／🍃異なる手続構造（202）

　2　少額訴訟の意義……………………………………………205
　　　🍃基本理念（205）／🍃「ミニ地裁化」とその改革（205）／🍃現実の運用と評価（206）／🍃少額訴訟制度の特徴（207）／🍃今後の課題（209）

　3　「迅速裁判手続」の構想……………………………………210
　　　🍃決定手続前置主義（211）／🍃支払督促（211）／🍃近時の制度（212）／🍃今後の可能性（213）

　　　コラム　労働審判の成功と将来（215）

第14講　家事事件手続の将来像 ──────── 216

　1　家事事件手続の特徴
　　　——家事審判と人事訴訟の機能分担………………………216
　　　🍃家事事件手続の特徴（216）／🍃紛争解決の仕組み（217）／🍃家庭裁判所（220）／🍃紛争解決の流れ（221）

　2　家事事件手続の現状………………………………………221
　　　🍃人事訴訟制度（222）／🍃家事審判制度（224）／家事調停制度（225）

　3　家事事件手続の将来——法改正の動向…………………226
　　　🍃改正の主要論点（227）

　　　コラム　子ども代理人（231）

◆ 第5部 ◆ 民事訴訟手続の将来

第15講 新たな司法制度の下での民事司法サービスの展望 —— 235

1 司法制度改革の民事裁判手続への影響 …………………… 235
　🌱利用しやすい民事訴訟へ (235) ／ 🌱司法制度改革の間接的な影響 (237)

2 あるべき民事裁判手続の構想——多様性、ニーズ即応性、手続保障 ……………………………………………… 240
　🌱多様性 (240) ／ 🌱ニーズ即応性 (242) ／ 🌱手続保障 (243)

3 立法政策と民事訴訟法学の役割 ……………………………… 244
　🌱「予防的立法」の必要性 (244) ／ 🌱理論的一貫性の重要性 (244) ／ 🌱新しい民事訴訟法学と研究者像 (245)

　　コラム　法科大学院と民事訴訟法 (248)

第 1 部

民事訴訟法の社会的役割を学ぶ

Bridgebook

第 *1* 講
私たちの法的利益を守る公的紛争解決サービス

1 なぜ民事訴訟が必要なのか

　民事訴訟はなぜ必要なのであろうか。この問に答える1つの方法は、民事訴訟のない社会を想像してみて、その社会に生じる不具合を考えてみることである。そのような社会で紛争が発生した場合、たとえばAがBにお金を貸したのにBが約束の期限になっても返さない場合、Aはどうするであろうか。通常はまず話合いが行われるであろう（民事訴訟がある社会でもほとんどの場合にまず話合いがされることには変わりがない）。AはBに電話をかけ、どうしてお金を返さないのか、理由を聞き、今はお金がないが月末には給料が入るのでそのときに返すという返事を受ければ、月末まで弁済を猶予する、といった交渉が行われる。このような交渉が功を奏せば、Aの利益は保護され、問題はないが、たとえばBが電話に出ない（居留守を使う）、お金がないので返すつもりはないと開き直る、あるいはもう既に返したはずであると主張して譲らない、などの場合には、話合いはデッドロックに乗り上げるであろう。**合意による紛争解決**の限界である。

第1講 私たちの法的利益を守る公的紛争解決サービス

望ましくない社会 —— 自力救済の問題

　そのような場合、Aとしては、Bの留守中にBの家に行ってそこにあるお金をとってきたり、あるいは邪魔するBを力ずくで押しのけてお金を奪ってくることが考えられる。合意による解決ができないとすれば、Aの一存による解決、一方的解決が必要になってくるわけである。しかし、このようなAの実力行使による解決、いわゆる自力救済には様々な問題があると考えられる。このような解決ができるのはAがBよりも何らかの意味で力を有する場合に限られる。Aが物理的な力の強い場合はもちろん、金に物を言わせて力のある人を雇ってBの家に侵入することもあろう。そうすると、Bとしても、やはりお金を出して警備のプロを雇うことになり、結局「傭兵」同士が争い、より雇う金を多く出して強力な人を多く雇えた者が勝つことになろう。しかし、力のある者、お金のある者が常に正しい者とは限らない。本当はお金を貸していないのに貸したとして自分より力の劣る者からお金を奪ったり、本当はお金を借りたのに借りていないとして力のある者が借金を踏み倒したりすることが生じよう。弱肉強食の社会である。このような社会が望ましくないというのが近代国家におけるコンセンサスである。そこで、このような **自力救済を禁止** し、権力＝実力行使を国家に集中させることにしたわけである。

民事訴訟制度の必要性

　このように、国だけが権力を行使できるとすると、先ほどのような一方的な形で利益の救済が必要となる場合には、国家権力を動員する必要があることになる。そして、国が権力を行使するためには、その権力行使が正当なものであることをまず確認する作業が必要となる。Aが本当にBにお金を貸したかどうか、Bは既にAに弁済し

ていないかどうかを国が判断し、Aの言い分が正しいと判断した場合に限って権力を行使して、Bにお金を返させるよう強制することになる。この場合、国がAの申立てを受けて、自分で様々な事情を調査して、権力行使に踏み切るような制度も考えられないではない。そこでは、「民事訴訟」というような手続は想定されず、国が一種の行政的な手続の中でAの権利を確認するというものである。しかし、現在、ほとんどの国ではこのような制度はとられていない。そのようなやり方は、非常にコストがかかり、真実に適った利益救済を図ることができず、また当事者からの不満も大きくなると考えられるからである。ここに民事訴訟制度の必要性がある。

　国が自分で勝手に権利の存在を確認する制度と、当事者がお互いの主張立証の中で国（裁判所）が権利の存在を確認する制度との違いを考えてみると、まず前者は大変に費用がかかると思われる。国は、その職員をAやBその他の関係者の下に派遣して色々と事情を聴取したり、自ら証拠を集めたりする必要があるからである。後者のような制度であれば、当事者の側から言い分を主張し、証拠を出してくれるので、国はそれらを受け取ってどちらの言い分が正しいかを判断すれば足り、コストは安くてすむ。また、前者のように国が頑張ってみても完全に資料を集めきることは難しく、国がした判断が重要な事実や証拠を見落として、結果として誤っている可能性も高い。後者のような制度は、その判断の結果に最も利害関係を有する者が主張立証を展開するものであるので、結果として大きな見落としが生じるおそれは小さくてすむ。さらに、このような判断＝裁判は、どのような結果になったとしても負けた側の当事者から見れば必ず不満の出るものである。過去の真実を100％解明することは難しく、曖昧な部分が残らざるをえないとすれば、最後に当事者

が納得するのは（あるいは納得せざるをえないのは）、その手続の中で十分に主張立証をする機会があり、その機会を行使したのに判断者を説得できなかった、という点ではなかろうか。その意味で、当事者に十分な主張立証の機会を与えるのは、真実の発見に近づくという面とともに、当事者に判断結果を受け入れさせる、納得させるという面をもつことになる（⇒第6講参照）。

手続法＝民事訴訟法の必要性

以上のようなことから、民事訴訟というものが社会にとって必要になると考えられる。両方の当事者がある手続の中で十分な主張立証の機会を与えられて、そのような結果を踏まえて中立公正な国家機関である裁判所が判断＝判決を下すというシステムである。そして、このような民事訴訟は、国家の権力行使を準備し根拠づける手続であるので、それをコントロールする「法」というものが必要となる。

裁判所がすべて自分の裁量で手続を進め、自分の裁量で判断の中身を決めるとすれば、その結果に対する信頼性は挙げて裁判官個人の資質に委ねられることになる。しかし、いかに優れた人が裁判官になるような任用システムを作ってみても、実際にすべての裁判官を信頼できる者とすることはおよそ不可能である。また、そのような「人」に頼る社会システムは極めて脆弱なものとなってしまう。そこで、近代社会においては一般に、民事訴訟を行う際の手続とその判決の内容は法によって定められることとされている。法律は国民の代表から構成される議会によって、すべての者に適用されるために作られるものであるから、裁判官がそれを適用することにより恣意的な手続や判断がされることを防止でき、公平な手続や判断が保障されるものと考えられる。このように、「**法による裁判**」は近

代民事訴訟の大原則であるが、判断内容を定める法である民法・商法等の実体法と並んで、手続について定める法が、これからわれわれが学んでいく「民事訴訟法」ということになる。

2 民事訴訟には何が期待されるか

　それでは、以上のような意義をもつ民事訴訟にはいったいどのようなことが期待されるのであろうか。民事訴訟の目的はどこにあるのであろうか。これについては様々な議論のあるところである。大きく分ければ、民事訴訟の目的は紛争の解決にあるとする考え方（紛争解決説）と民事訴訟の目的は権利の保護にあるとする考え方（権利保護説）がある。この両者は一見それほど大きく異なるものではない。裁判所が真実を発見し正しい法を適用すれば、それによって当事者間の紛争は解決され、同時に権利者の権利は保護されるからである。しかし、両者の考え方にはそれぞれ問題点があると思われる。まず、権利保護説の考え方は、民事訴訟の前提として、「権利」というものが存在することを措定する。しかし、歴史的に見れば、権利の概念が確立する前から訴訟という紛争解決手段は社会に存在したとされ、むしろ民事訴訟の積み重ねの中から権利が生じてきたという側面は否定し難い。他方、紛争解決説によれば、紛争が解決しさえすれば、その中身がどのようなものであれ、民事訴訟はその目的を達したということになりそうであるが、そのような理解には疑問がある。やはり大事なことは紛争がどのように解決されるかという点にあるのであり、そうだとすれば、単に紛争解決を民事訴訟の目的ということはできないであろう。「正しい紛争解決」が目的とされなければならない。

当事者の法的利益の救済

　それでは、民事訴訟の目的はどのように考えられるべきであろうか。私は、当事者の法的利益の救済こそが民事訴訟の目的であると考えている。すなわち、民事訴訟の中で当事者が救済を求めるものは、権利という概念が確立する前から、それは何らかの利益であったことは間違いがない。逆に言えば、救済されるべき「利益」が全く観念できないところには民事訴訟による救済はありえないと考えられる。これが、後に述べるように、民事訴訟を提起する要件として**「訴えの利益」**が必要となり、既存の訴訟手続に補助参加する要件として**「参加の利益」**が必要とされる所以である。このように、民事訴訟は当事者の利益を保護救済することにその目的があると考えられるが、それはすべての利益を救済できるものではない。民事訴訟という制度が、法的な制度であることからすれば、そこで救済される利益も法的な利益に限定されると考えられる。たとえば、自分の学説が正しいことを認めてほしいという学者としての利益（切実な利益？）は、法的な利益とは言い難く、民事訴訟における保護の対象にはならないと考えられる。ただ、逆に言えば、ある利益が法的な利益と言える限り、民事訴訟における保護の対象になりうるのである。（⇒第4講参照）

紛争解決説との差異

　民事訴訟制度の目的が法的利益の保護にあるとすれば、それは紛争の解決を民事訴訟の目的とする考え方とどのように違うのであろうか。それは、前述のように、紛争解決説は紛争解決の中身を問題としないのに対し、この考え方は、**保護すべき「法的な利益」**の存在を前提にする点にある。言い換えれば、仮に紛争が解決されたとしても、保護すべき利益が保護されず、保護すべきでない利益が保

護されるような解決がされたとすれば、民事訴訟の目的を達成したことにはならないと考えるわけである。国家が制度として運営する以上、やはり解決の内容もその目的の中に組み込まれるべきであろう。ただ、近時は紛争解決説の中にも、そのような見方に同意し、紛争解決の中身は法的なものでなければならないとする考え方（**法的紛争解決説**）が生じている。そのような理解によれば、上記の法的利益保護説との差異は小さなものとなる。

　それでも、両者の発想にはなおスタンスの違いがあるように思われる。法的利益保護説は、民事訴訟というものはあくまで利益保護を求める当事者（つまり原告）のためにある制度であると考えるのに対して、（法的）紛争解決説は、民事訴訟による紛争の解決は両方の当事者に利益を及ぼすと考える。すなわち、被告に対しても「紛争が解決したのであるから、仮に訴訟に負けたとしても、それはあなたの利益にもなったのですよ」ということである。しかし、このような言い方は、民事訴訟の利用者の一般的な意識とは相当に乖離があるのではなかろうか。訴訟はやはり勝つためのものであり、たとえそれが法に従った解決であったとしても、負けた当事者のためにも制度が役立ったとは普通考えないように思われるからである。その意味で、民事訴訟制度はやはり制度を使おうとした原告のための制度、つまり**原告の法的利益を救済するための制度**であると割り切るのが相当と思われる。それでは、原告が敗訴すれば、その訴訟手続は役割を果たさなかったのかという疑問が生じよう。そのとおりである。その場合には、民事訴訟は（制度目的の観点から見れば）空振りに終わったわけである。しかし、だからといって民事訴訟制度が不要であるということにはならない。極端に言えば、仮に100％の事件で原告の請求が棄却されたとしても、次の事件で正当な利益をも

つ原告が救済されるとすれば、民事訴訟には存在意義があるのである。すべての患者を救済できないとしても、治癒しうる患者を治癒できれば医療制度に存在意義があるのと同じことである。

🔖 法秩序の維持

以上が民事訴訟制度の基本的な目的であるが、それとともに、民事訴訟には付随的な目的があると考えられる。それは、**法秩序の維持**という目的である。かつてはこのような目的が民事訴訟の主要な目的と考えられていた時期もあった（戦前の日本やナチス期のドイツなど）。しかし、そのような考え方は、個人の権利よりも集団の秩序維持を重視する思考として斥けられていった。そのことは確かに相当であったが、このような考え方に全く意味がないかといえば、そのようなことはない。むしろ現代社会においては別個の意義が生じてきているように思われる。

すなわち、変動する現代社会においては法律が常に社会を規制する明確なルールを提供できるとは限らない。法律の意味内容を補充してそれを社会の現実に適合させていくことが必要となる。従来はそのような機能を行政が果たしていた。行政指導等の中で個別のルールを形成していたわけである。しかし、行政改革や規制緩和の中で行政にはそのような機能が期待できなくなった今、司法にそのような役割が期待されるようになっている。司法が個別の事件の中で下す判例が具体的なルールを定立し、社会活動・経済活動に指針を与えるというわけである。その意味で、判例には「**公共財**」としての性質があると考えられる。21世紀の社会においては、民事訴訟がそのような法秩序を維持し、発展させていく役割を果たすことが重視されることになり、そのような基盤を整備していく必要があろう。

公的サービスとしての民事訴訟

　民事訴訟の目的は以上のとおりであるが、民事訴訟というものは、国家の提供する公的サービスとして把握することが可能である。民事訴訟を運営する資金は基本的に税金から拠出されており、それは、警察・国防・福祉・公立学校・公立病院などとともに、公的サービスの一種と位置づけることができよう。見方を変えれば、国民は、自己の法的利益が危殆に瀕する場合に備えて、税金という形であらかじめ保険料を支払い、いざというときに民事訴訟サービスの利用によって法的な利益の保護を図ることを期待しているというわけである。民事訴訟がサービスである以上、そのサービスとして必要な内容が提供されるとともに、そのサービスの質も併せて問われることになる。たとえば、いくら法的利益の救済にとって素晴らしい判決がされたとしても、それが訴え提起から20年経ってから出されたとすれば、ほとんど意味はないであろう。また、それまでに目の玉の飛び出るほどの費用が必要になるとすれば、やはり当事者の利益が保護されたとは言い難いであろう。その意味で、他の公的サービスと同様、民事司法のサービスについても、常にそのサービスの質を利用者の視点からチェックしていく必要がある。

必要とされる公的サービスの質

　民事訴訟を公的サービスと捉えるとき、そこで必要とされるサービスの質としては、第1に、迅速性がある。訴え提起からできるだけ早く判決に至らなければならない。第2に、廉価性がある。訴訟に要するコストはできるだけ低いものでなければならない。第3に、公平性がある。民事訴訟は両当事者をできるだけ公平に扱うものでなければならない。そして、「公平性」という場合、それは形式的な公平にとどまらず、当事者の実情に見合った実質的な意味での公

平が保たれなければならない。たとえば、一般市民対国・大企業の訴訟では、一般市民の側が十分な攻撃防御を尽くすことができるような配慮が不可欠になる。第4に、**適法性**がある。民事訴訟による解決の内容や手続は適法なものでなければならない。前述のとおり、民事訴訟は国家権力の行使であるので、それが恣意的に行使されてはならず、常に国民の代表によって制定された法令に従う必要がある。第5に、**実効性**がある。民事訴訟の結果は実際に実現されなければならない。被告が判決の結果に従わない場合には、その判決に基づき強制執行ができる必要がある。その意味では、後述のように（⇒**3**参照）、民事執行制度は公的サービスとしての民事訴訟の不可欠の補完物であり、それは実効性を有したものでなければならないことになる。

手続保障＝目的論

　以上が私の考える民事訴訟の目的であるが、最近これとは全く異なる観点から、民事訴訟の目的を捉える見解が出てきている。それは、民事訴訟の目的は、当事者に手続保障を与え、その手続保障の中で当事者が十分に議論をし、自ら紛争解決の方途を見出していく点にあるというものである。「判決」という結果ではなく、**そこに至る「手続」**にこそ独自の価値があると見るものであり、民事訴訟の世界において手続保障というものが重視される流れ（⇒第4講参照）の中で、注目を集めた考え方である。

　この考え方が手続保障に判決の正統化に尽きない意義があるとした点は確かに重要であるが、手続保障それ自体（あるいはそれに基づく当事者間の議論）を民事訴訟の目的とした点は相当でないと思われる。いかに手続保障が尽くされたとしても、最終的に自己の法的利益が救済されない（判決が出されずに議論が延々と繰り返されている）と

すれば、それはやはり当事者の期待にそぐわず、公的資金を投入してサービスを提供するには十分ではないと言わざるをえない。もちろん、後述のように（⇒**3**参照）、ADR といった形で当事者間の交渉を支援するサービスを別途提供することは考えられてよいが、民事訴訟にはそれとは独立した価値が認められる。その意味で、民事訴訟の目的はやはり「結果志向」でなければならないであろう。

3 民事訴訟の限界と色々な手続方式

　以上が民事訴訟制度に期待されている役割であるが、他方で、「法的利益の救済」という目的は民事訴訟制度だけがあればそれでよく達成されるというものではない。法的利益をよりよく救済するためには、民事訴訟と並んで、あるいはそれを補完して、別の制度を用意しておく必要がある。民事訴訟には固有の限界があるからである。

話合いによる紛争解決

　まず、民事訴訟は、最終的には判決という形で強制的に法的利益を救済するものであるが、事件によっては当事者間の話合いの中で利益救済を図りうる場合がある。そのような場合には、むしろ合意による解決を促進した方が相当であると思われる。その方が、訴訟に比べて、簡易・迅速・廉価な解決が可能になり、また秘密の保護が可能になり、さらに専門的な解決や宥和的な解決など当事者のニーズにより適合した解決が可能になる可能性があるからである。したがって、そのような解決が望ましい紛争類型（迅速廉価性が必要な場合として**少額紛争**等〔⇒第13講参照〕、秘密保護が必要な場合として**知的財産権紛争**等〔⇒同講参照〕、専門性が必要な場合として**医療紛争**等〔⇒第12

講参照〕、宥和性が必要な場合として**家族間紛争**等〔⇒第14講参照〕）については、訴訟以外の紛争解決方法を用意すべきであろう。そのような観点から、近時議論がされているのは、いわゆる **ADR** の活用である。ADR とは、「裁判外紛争解決手続」の英語（Alternative Dispute Resolution）の頭文字であり、広く裁判以外の紛争解決の方法を指すものである。当事者間で紛争解決を第三者に委ねてその判断に従う合意をする**仲裁**や、中立公正な第三者を介して解決策を話し合う**調停・あっせん**などの手続がある。このような ADR を裁判と並ぶ魅力的な選択肢として、その充実・活性化を図っていこうとするのが最近の潮流であり、そのために、仲裁法や裁判外紛争解決手続の利用の促進に関する法律（いわゆる ADR 法）が制定され、それを受けて新たに多様な ADR 機関等が多数設立されている。

判決後――民事執行

　民事訴訟は、強制的な形で法的利益の救済を図る制度であるが、その「強制力」はあくまで判決を出すまでに限られることに注意をしなければならない。確かに被告が欠席しても裁判所は判決を言い渡し、債務の履行を命じることができるが、その判決自体はそれだけではただの紙切れにすぎない。被告が判決に従って債務を任意に履行すればそれでよいが、判決が出ても頑強に履行しない被告がいた場合、なお法的利益の救済を図るためには別の仕組みが必要である。それが**民事執行**ないし**強制執行**の手続である。

　すなわち、民事訴訟の結果、被告に金銭の支払が命じられれば、被告の財産を差し押さえて、それをお金に換えて原告に配当することになるし、被告に建物の明渡しが命じられれば、被告を強制的に建物から追い出し、原告に建物の鍵を渡すことになる。これはまさに裸の国家権力の行使であり、その使用を誤れば債務者の利益を著

しく害するおそれがある。そこで、その手続を法的に規制するものとして**民事執行法**がある（⇒第10講参照）。

なお、そのような形で強制しても、最終的に債務者にお金がなければ債務を履行することはできない。債務者がすべての債務を支払えない状況に陥っている場合には、債権者間で公平に債権を回収することを可能にし、また再建が可能な債務者について再建の機会を与えることが必要になる。そのような手続として、**倒産手続**がある。破産法、民事再生法、会社更生法などが定めるものであり、資本主義社会のインフラストラクチャーを構成する。

判決前──民事保全

以上のように、民事訴訟を経て判決が出され、民事執行によって債権者の権利が実現されるとしても、それまでには相当の時間がかかることは否定できない。民事訴訟は、これまで見てきたように、国民の権利義務を最終的に左右するものであるから、それほど簡単に手続を進めることはできず、必然的に時間がかかるものである（現在、訴えの提起から判決まで平均して約8カ月かかっている）。しかし、その間に債務者としてはできるだけ債務の履行を免れようと画策することは人間の情である。自らの責任財産を隠匿し、親族・友人に譲渡したり、明渡しの対象となっている建物に賃借人を住まわせたり、移転登記が求められている土地を第三者に処分したりする策動である。このようなことを自由に許していると、せっかく判決が出されてもその時点では強制執行ができなくなってしまい、民事訴訟による法的利益の救済ができなくなるおそれがある。それでは、自力執行を制限して民事訴訟制度を用意した国が十分な責任を果たしていないことになる。そこで、**民事保全**の制度が設けられている。これにより、裁判所は、判決が出るまでの間、仮差押えや仮処分に

よって現状を固定し、将来の強制執行を実効的なものとすることが可能になるわけである（⇒第11講参照）。

🔖 非訟手続

　最後に、民事訴訟の現代的な限界について少しふれてみよう。現代社会では、法的利益の救済を求める当事者から、**秘密保護**や**簡易迅速性**等の要求が以前よりも強まっている。その一部は、前述のように、ADRによって吸収されるが、相手方の同意なしに強制的な解決を図る必要があるとすれば、ADRにも限界がある。そこで、非訟手続という訴訟とは別の手続類型が創設され、活用されることになる。これは、訴訟とは異なり、非公開で口頭弁論という正式な手続を経由せずに、簡易迅速な手続で判断することを可能とするものである。その意味では、民事保全にも近いが、保全とは違ってそこで最終的な判断にまで至ろうとする手続である。どのような範囲で非訟手続を活用できるかについては、「訴訟の非訟化」の限界としての理論的な問題、また憲法82条（裁判の公開）等との関係で難しい問題がある。

　しかし、実際上の要請の中で、様々な工夫がされているところである。最近の例としては、労働関係の紛争（不当解雇や賃金の不払い等）について、調停を前提としながら3回の期日で原則として決定に至る**労働審判**の制度や、犯罪被害者の損害賠償請求について、刑事訴訟に連続して原則として4回の期日で決定に至る**損害賠償命令**の制度などが設けられている。これらは、当事者に不服がある場合には正式の訴訟の手続が開始されるという安全弁を設けながら、可及的に簡易迅速な解決が図られるように工夫をこらしたものである（⇒第13講参照）。これらの手続は一定の成功を収めており、今後、より広い分野に拡大していく可能性がある。もちろん当事者の手続

3 民事訴訟の限界と色々な手続方式

保障がそれで十分かという問題があるが、手続保障についても、どの範囲で実質的なものとして保障すれば足りるか、事案や当事者によって手続保障を段階化する可能性はないか、などを理論的にも検討してく必要があり、当事者の具体的なニーズに即しながら、特別に迅速な審理判決を提供するファーストトラック訴訟の類型を認めたり、非訟手続との連携の中で迅速な利益救済を図ったりするなど様々な工夫が、公的サービスとして民事訴訟を捉える観点から求められているものといえよう。

コラム

●「私的権利保護協会」の可能性 ── 自力救済の哲学

本文で見たように、民事訴訟の制度の根拠は、自力救済の禁止にあり、その必要性は自力救済を容認したときに生じる不具合にある。その意味で、哲学的な観点から、訴訟制度のない社会を突き詰めて考えたものとして、ロバート・ノージックの見解がある(『アナーキー・国家・ユートピア上』(木鐸社、1985年))。それによれば、自然状態を前提としても、人々の間で自発的に相互に権利実行・防衛を図るために「保護協会」が設立され、その保護協会の中では、紛争当事者の双方から依頼があった場合にいずれを保護するのかを定めるルールが形成される。そして、複数の保護協会が並立する事態が生じるが、それは最終的には統合されていき、支配的保護協会が形成される。そして、それは1つの国家と言えるものとなる。結局、自然状態から自発的に利益救済機能を有する国家が生成すると考えられるわけである。このような思考実験は、現実の国家や司法の機能を考える際にも様々な示唆を与えてくれるものと思われる。

ただ、民事裁判(さらには民事執行・倒産手続)を国が独占しなければならないということは必然であるにしても、それは民間でも可能な事項や部分について民間に委ねていくという発

想とは矛盾しない。むしろ最近の行政改革や規制緩和の議論は、民間でも可能な部分はできるだけ民間に委ねる方が効率的な運営が可能になることを前提としている。そこで、民事司法の分野でも一種の民営化の議論が様々な分野で盛んになっている。本文で述べたADRはまさにそのような場合であるし、他にも、民事執行手続でも担保権実行を民間でも可能にすべきとする**民間競売（非司法競売）**の議論（⇒第10講コラム）や、倒産手続について裁判上の倒産手続によらずに行うとする**私的整理、産業再生機構・企業再生支援機構**、さらにいわゆる**事業再生ADR**の制度等である。民事司法の分野の中で国が必ず引き受けなければならない領域と民間に委ねることが可能な領域を見極めていく作業が今後必要とされよう。

Bridgebook

第 2 講
民事司法サービスと私たち

1 一般市民の利益保護手段としての民事訴訟

一般市民の遭遇する様々な紛争

　われわれ一般市民にとって、裁判というものは縁遠いものであるという印象がある。しかし、考えてみれば、われわれが日常の生活を送っていくについても、様々な紛争に直面する。たとえば、大学を卒業して会社に就職し、新たな生活を開始したとしてみよう。その場合、まず住居を確保する必要があり、マンションの部屋を借りる。それは賃貸借契約であり、通常は敷金を支払うことになるが、将来その建物を明け渡した場合に、敷金の返還をめぐって家主と賃借人の意見が食い違うことは頻繁に起こる（「随分汚したので、敷金は全額修繕費用に充てる」「いや最初から汚れていたので自分が汚したわけではない」など）。そして、自宅を購入する場合には、住宅ローンを借りるのが普通である。これは金銭消費貸借契約であり、そして銀行に対して自宅を担保に供する（抵当権設定契約を締結する）ことになる。もし将来、あなたがお金を返せなくなれば、消費貸借契約の債務不履行により担保権の実行が問題となる。
　また、会社に入るということは、会社とあなたとの間で労働契約

を結ぶことを意味する。将来会社の経営状態が悪化すると、リストラ（解雇）されるかもしれないし、また働きすぎで病気になれば労働災害が問題になるかもしれない。あるいは、あなたが運転する自動車がほかの自動車と衝突することがあるかもしれない。相手はあなたが信号を無視したといい、あなたは相手が赤信号で突っ込んできたといい、収拾がつかなくなるかもしれない。その場合、相手方があなたを被告として不法行為に基づく損害賠償を求めてくる可能性があることになる。このように、ごく普通の生活を送っている一般市民も、いつ何時紛争に巻き込まれるか分からないのが現代社会なのである。

紛争解決の困難性

ひとたびそのような紛争に巻き込まれた場合、それをどのように解決するかが問題となる。第1講でも見たように、自力救済は近代社会では禁止されているので、力で紛争の解決を図ることは許されない。もちろん相手との関係を絶ってしまうことはできるが（敷金を諦めてサッサと次の借家を探すなど）、これは一種の泣き寝入りであり、受け入れ難いと思うかもしれない。そこで、多くの場合は、相手方と話合いをして示談（和解）による解決を模索することになろう。お互いに合理的な主張をすればどこかで接点を見出すことができ、話がつくことも多いであろう。当事者間での交渉がデッドロックに乗り上げたときは、前講で見たADRによって第三者の仲介の下で話合いを進めるということもあるかもしれない。

しかし、このような話合いによる紛争解決は、結局のところ、お互いの合意を追求するものであるので、両者の言い分が真っ向から食い違う場合には、なかなか難しい。少し前の社会であれば、村の有力者や長老などが仲介したり、宗教団体・学校・企業など様々な

中間団体が紛争解決に動いたりして、紛争解決が図られることがあった。また、人々の価値観もそれほど大きく違わず、合意を得ることが比較的容易でもあった。しかし、現代では、紛争解決を仲介する中間団体の多くは消滅するか、その権威を失い、人々の価値観は多様になっている。このような社会にあっては、一般市民が自らの巻き込まれた紛争から脱却する方法として、訴訟によるほかないという場面が増大していることは間違いないであろう。

一般市民と民事訴訟の遠さ

一般市民の紛争解決にとって民事訴訟が必要不可欠なものになってきているとすれば、民事訴訟制度の側でも、一般市民にとって利用しやすい民事訴訟の仕組みを整えていく必要があると言えるだろう。たとえば、あなたが自ら直面する紛争の解決がどうしてもできずに、裁判に訴えるほかはないという事態になったとき、どのように行動するであろうか。多くの人はおそらくただ呆然としてしまうであろう。「裁判」といえば、普通の人は「裁判沙汰」という言葉にもうかがえるように、できるだけ近寄りたくないもの、近寄りがたいものというイメージをもっているのではないだろうか。

それでも裁判に訴えざるをえないとすると、まず第1に弁護士という人たちのことをボンヤリと頭に浮かべるであろう。しかし、一般市民の中で弁護士の知り合いがすぐに思い浮かぶという人は少ないであろうし、たとえば病気になった時の病院などと違って、どこに行けばまずは信頼のできる弁護士さんに出会えるのか、全く想像もつかないということが普通であろう。また、弁護士にお願いすると、一般にかなり高くお金がかかるといわれていることは多くの人が漠然と知っている。自分でも支払えるのだろうかと不安に感じるであろう。また、裁判を起こしても、判決を得られるまで非常に時

間がかかるというふうに聞いたこともあり、実際、有名な○△事件の裁判も何年もかかってやっと最近判決が出たというのをワイドショーで見たことを思い出すかもしれない。あれこれ考えて結局「裁判沙汰」にするのは止めようと思う人も多いであろう。

近年の司法アクセスの改善

しかし、これでは一般市民にとって民事訴訟が実際に紛争解決の役割を果たすことにはならない。そこで、上に見てきたようなごく普通の人々でも実際に裁判所の門前にたどり着くような仕組みを整えていくことが、今の民事司法制度の大きな課題となっている。そして、実際にも、後で述べる司法制度改革（⇒**3**参照）の成果もあって、司法へのアクセスは相当に改善してきているところである。たとえば、紛争に直面してそもそもどのように行動してよいか見当もつかないという人について、法的な情報をまとめて提供する機関として、**法テラス（日本司法支援センター）**というものが創設されている。法テラスのコールセンターに電話をしたり事務所を訪れたりすれば、あなたの抱える紛争についてとりあえずどのように行動すればよいか（どこに相談すればよいかなど）を適切に教えてくれるであろう。

また、お金がないことを心配する一般市民については、**法律扶助**という制度も充実してきている。これは、国の予算を投入してやはり法テラスが実施している事業で、資力の乏しい人について弁護士費用など訴訟にかかる費用を一時立替払いしてくれるものである。訴訟が長くかかることを心配する人も多いが、最近はそれもかなり迅速化してきており、普通の事件であれば第一審の判決は、訴えを提起してから１年以内に出されるようになっている。さらに、係争額の小さい紛争については、簡易裁判所に**少額訴訟**という制度が設けられており、弁護士を付けずに自分で訴訟ができ、原則として１

回裁判所に行けば、その日のうちに弁論や証拠調べから判決までしてもらえる。この制度は利用者にも好評で、敷金の返還請求や賃金の支払い、さらに交通事故の物損の賠償などで活用されている（⇒第13講参照）。

法教育

以上のように、**司法アクセス**の重要性というものは最近強く認識され、制度も改善されてきているが、他方で、一般市民の間にはなお根強く裁判というものを忌避する傾向が残っている。このような傾向を払拭し、本来使われるべき場面で裁判を実際に使ってもらうためには、人々の考え方を変えていくような地道な作業が必要であろう。裁判というものをより国民の身近に捉えてもらうような工夫である。そのような意味で、最近では、**法教育**ということも盛んに言われるようになっており、小学校・中学校の段階から、「法」というものがどのようなもので、なぜ必要であるのかを教育していくことが重要とされている。

2 経済活動・企業活動の視点から見た民事訴訟

経済活動上の紛争

以上見てきたように、現代社会においては、一般市民にとって民事訴訟が重要なものとなっているが、他方、眼を経済活動・企業活動に転じてみると、こちらの分野でもやはり民事訴訟の重要性が増してきている。経済活動もやはり様々な紛争の原因である。たとえば、企業がほかの企業から原材料を購入して加工販売していたところ、その原材料に欠陥があり、その結果として製品をマーケットから回収しなければならなくなったとすると、当然その企業としては

自らの被った損害を賠償してもらいたいと考えるであろう。企業間の取引はすべて契約に基づいており、契約における債務不履行の可能性が常に問題となる。

　また、その企業が会社組織として運営されているとすれば、会社の中でも様々なもめごとが発生する可能性がある。たとえば、会社が他の会社を M&A によって取得しようとし、その会社の株式を証券市場で大量に購入しようとしたとする。相手方の会社はそのような M&A を拒否し、対抗手段として新株を発行して乗っ取りを狙う会社の持分を減殺しようとする。その場合、そのような新株の発行が会社法上認められるかどうかが紛争となろう。また、会社の取締役が不当な行為を行って会社に対して大きな損害を与え、その結果として株価が下落したとする。この場合、その株式をもっている株主は取締役に対して損害の賠償を求めたいと考える。**株主代表訴訟**の問題である。

　さらに、企業が経済活動を行うに際しては、様々な面で行政との関係が問題になることが多い。規制緩和が進められた結果、行政の許認可を要する事業は全体に減ってきていることは間違いないが、なお一部においては行政の強い関与が残っている。たとえば、パチンコ店を始めたいという企業は、行政に風俗営業の許可を求めなければならず、それが与えられない場合には**行政との間**に**紛争**を抱えることになる。

増大する民事訴訟の重要性

　以上のように、企業活動・経済活動の中で紛争が発生したとき、その紛争を解決する必要があることになるが、その場合に訴訟というものが果たす役割は大きいと考えられる。以前であれば、企業間の紛争については、それを公にすることは企業の評判を低下させる

ことになるとして、訴えを起こすようなことはそもそも選択肢として考えられないことが多かった。また、業界全体に影響するような紛争については、業界団体（その中核となる企業）や行政庁があっせん・介入して話合いによる解決を図ることも多かったと見られる。しかし、このような解決方法は、行政改革・規制緩和の動向の中で行政庁の力が弱まり、また競争の激化や独禁法の強化の中で業界団体の影響力も低下し、徐々に難しくなっている。また、各企業の代表者も安易に理由なく権利を主張しなかったり、義務を受け入れたりしたときには、自らが株主代表訴訟によってその責任を追及されかねない。

このような状況の中で、公正かつ透明な紛争解決方法としての訴訟が企業活動においても重要性を増している。たとえば、2005年にUFJ信託銀行が住友信託銀行との提携交渉の中途で、独占交渉義務に反し、交渉相手を三菱東京銀行に変更した事件では、住友信託銀行が仮処分の申立て、さらに交渉の差止訴訟を提起した。このような場合、以前であればおそらく金融庁（さらにその背後の政治家）などが全国銀行協会などに行政指導をして、秘密裡に話合いによる解決を目指したのではないかと思われる。しかし、本件では、裁判所で正面から、提携交渉における独占交渉条項の拘束力という法的な問題が議論された。このほか、M&Aにおける新株発行等の差止めを求める事件など、企業活動・経済活動の最も重要な部分が裁判所で判断され、それが企業の生死を決する場合すら生じているのである。

企業にとって利用しやすい民事訴訟

このように、企業活動・経済活動にとって民事訴訟が不可欠のインフラストラクチャーとなるとすれば、民事訴訟の制度の側でもそ

れを前提として、企業にとってできるだけ利用しやすい民事訴訟の仕組みを考えていく必要があることになる。訴訟手続の中立性・公正性・透明性など、その本質的な要素がここでも重要であることは間違いないが、さらに企業活動の特性を考える必要があるということである。

　経済活動にとって何よりも重要な点はやはりスピードであろう。紛争を長期間にわたって抱えることそれ自体が企業の競争力を弱めることになる。その意味で、迅速な訴訟手続を構築することは、企業の紛争解決方法として民事訴訟が利用されるための基盤となる。また、企業活動に関わる紛争の解決のためには、しばしば専門的な知見が必要になる。それは、経済に関する専門的知見（適正なオプション価格を決定するためのブラック・ショールズ・モデルの理解など）や技術に関する専門的知見（ビジネスモデル特許の新規性を判断するためのビジネスモデルの理解など）に関するものである。そのような専門的知見を駆使した専門的な訴訟手続でなければ、企業の民事訴訟に対する信頼は得られないであろう。

　さらに、企業秘密が問題になる場面では、秘密保護を図る手続も求められる。これは訴訟手続が基本的に透明な手続であることと必ずしも矛盾するものではない。透明な場で正々堂々と法的な議論を展開する一方で、秘密とされるべき企業秘密・営業秘密は確実に保全されるべきである。仮に知的財産訴訟などでそのような守秘が図られなければ、企業秘密の開示による損害を恐れる企業は訴訟制度を実際には利用できなくなり、かえって不透明な紛争解決に陥るであろう（⇒第12講コラム参照）。このように、企業活動について民事訴訟を実効的に利用するためには、様々な制度的改善が必要になると考えられる。後に述べる司法制度改革もこのような企業の要請に

応える側面があったものである。

公共財としての判例

　以上のように、個別的な経済紛争の解決にとって訴訟制度が重要な役割を果たすようになることと並んで、経済活動のルールの構築の面でも訴訟の役割が増している。経済活動も、もちろん法的な規律の下にある。ただ、法律は通常、抽象的一般的なルールを定めるものであり、企業が個別の経済活動をするためにはより詳細かつ具体的なルールを知る必要がある。そのようなルールが明らかでないと、企業にとってその投資の効率の予測可能性が失われ、適切な経営判断ができないことになる。たとえば、ある企業が巨額の投資をして工場を建造し、技術者を雇い、ある製品を製造したところ、それが他の企業の特許を侵害していると訴えられ、敗訴してしまえば、その投資が無になってしまう。そのような投資の前提として、特許権の具体的ルールが明確になっていなければならないのである。以前は、そのようなルールの具体化・明確化の役割は多くの場合、行政庁が担っていたといえる。法律の公権的な解釈やそれを受けた行政処分、さらに広範な行政指導によって、行政が企業活動の予測可能性を確保していた側面があったと思われる。しかし、繰り返し述べている行政改革や規制緩和の中で、行政のそのような機能は徐々に後退していることは間違いない。

　そこで、それに代替するものとして期待されているのが、裁判所の判例による法的ルールの明確化である。これは、「公共財としての判例」ともいうべき考え方である。裁判所が具体的な事件との関係で一定の結論を積み重ねていけば、企業がある経済活動をしようとするときに、それらの具体例と対比しながら自己のしようとする活動が、法的にどのように評価されるかをより正確に予測すること

ができるわけである。そのためには、多くの事例が蓄積されるほど、データバンクが豊富になり、予測可能性が高まることになろう。裁判所もそのような期待に応えようとすれば、個々の事件の処理を超えて、一般的なルールの構築にも配慮した訴訟指揮等を行うべきことになる。これは和解の機能や最高裁判所に対する上告制度のあり方など民事訴訟理論にも影響する重要な論点の1つとなりつつある。

3 司法制度の改革

　以上のように、一般市民の利益保護の手段としても、企業の利益保護の手段としても、民事訴訟というものは重要性を増してきていることは否定できない。しかし、現実の民事訴訟ないし民事司法の制度がそれをよく受け止めて、求められる機能を発揮できているであろうか。現実の制度は、民事訴訟に余り大きな機能が求められていなかった時代の行政中心国家における「小さな司法」に止まっており、現代的なニーズに未だ対応できていないのではないか。20世紀の末になってこのような疑問が呈されるようになった。そのような問題提起を受けて生じたのが、司法制度改革の動きであった。ここでは、以上のような民事訴訟に対する最近のニーズの観点から、今回の司法制度改革を簡単に紹介してみよう。

司法制度改革の流れ

　今回の司法制度改革は、1999年に内閣に**司法制度改革審議会**が設置されることにより開始された。その大きな特徴は、審議会の委員の構成に表れている。この審議会は全部で13人の委員で構成されていたが、そのうち法律家は6人にすぎず、消費者代表、労働界代表、経済界代表など司法の利用者の立場に立つ委員が過半数を占め

ていたのである。これは、まさにこの司法改革を利用者の視点から進めようとする意欲の表れであったと思われる。

　それでは、今回の司法制度改革を推し進めた潮流はいったいどのようなところにあったのであろうか。これは、前に述べてきた**市民の視点**と**企業の視点**がそれぞれ相俟っていたように思われる。まず、市民の視点からは、社会全体の非公式な紛争解決機能が低下する中で、真に市民の権利利益を保護するためには、市民の司法へのアクセスを改善していくことが急務と考えられていた。この点は、従来から、弁護士会や法学界など法律家の内部で、司法制度の改革が必要であるとしてきた根拠といえる。他方、企業の視点からも、前述のような行政改革・規制緩和の中で、司法がラストリゾートとしての重要性を増し、十分な社会統制機能を果たす受け皿となることが真に求められるようになってきていた。そのような観点から、経済団体などでも、積極的に司法改革の提言が行われてきたのである。

　今回の司法制度改革は、このような２つの潮流が合体する中で大きなうねりをもたらしたものと評価することができよう。ただ、この２つの流れは大筋では一致するとしても、向かっていく目標が完全に一致したものではなかった。その意味では、一種の「同床異夢」の側面は否定できず、そのことは改革が実現に向かい制度が具体化する中で様々な綻びを見せる結果になったように思われる（⇒本講コラム参照）。

🔖 民事訴訟制度への影響

　そのような司法制度改革の大きな流れの中で、今回の改革は、明治維新期の改革、戦後新憲法下での改革と並ぶ大改革となった。具体的には、法曹養成制度の面では、法科大学院が創設され、新司法試験・新司法修習制度が実現することになり、法曹人口も大幅に拡

充された。また、刑事裁判においては、国民の司法参加の方策として裁判員制度が創設され、その基盤を整備するため、公判前準備手続など、大きな手続の改革が実施された。

　これに対し、民事訴訟制度それ自体の改革は必ずしも大きなものではなかった。それは、上記のような余り大きな改革が戦後されてこなかった分野に比べて、民事司法は度重なる法改正の中で既に大きく改革がされてきていたことが大きかったものと考えられる。民事訴訟本体についても、既に1998(平成10)年施行の現行民事訴訟法によって、利用しやすい民事訴訟の実現に向けた改革が図られていた。

　しかし、そこに全く問題がないかというとそのようなことはなかった。**1**や**2**で述べた民事司法を取り巻く新たな状況や期待を考えれば、民事訴訟を、利用者にとってより利用しやすくする努力は不可欠なものである。そこで、今次の司法制度改革においては、そのような観点から、第1に、1998(平成10)年の民事訴訟法改正において不十分であったところを補い、第2に、民事訴訟を支える制度環境を変えることにより、民事訴訟を利用しやすくすることが目指された。

専門訴訟の改善

　第1の面では、2003(平成15)年に民事訴訟法の改正がされた。そこでは、専門訴訟の改善が主な目標とされた。1998(平成10)年の民事訴訟法改正は、一般的な訴訟事件については、争点整理手続の充実の上で、集中証拠調べを実現して訴訟手続の充実・促進を図ったものであったが、いわゆる専門訴訟については、それだけでは解決できない問題点があった。「**専門訴訟**」とは、医療過誤事件、建築瑕疵事件、知的財産関係事件などその事件の処理に、法律以外の専

門的な知見を必要とする事件類型のことである。裁判官や弁護士は法律の専門家ではあるが、医療・建築・技術については素人である。ところが、このような専門訴訟では、事件の争点を正確に理解し、適切な証拠調べを実施していくためには、裁判官等に対して専門的な知見を補充していく仕組みが必要である。また、このような事件は、裁判官・弁護士としても準備が大変であるので、しばしば事件処理が延び延びになりがちである。しかし、それでは、医療事故に遭った遺族の救済や、技術紛争を早期に解決したい企業のニーズにそぐわないことになる。そこで、民事訴訟法を改正し、専門訴訟に対応できる制度基盤を整備したものである。

　具体的には、新たに「**専門委員**」の制度を創設し、各分野の専門家を裁判官の補助者として争点整理手続等に関与させ、専門的観点からの説明を求めることができることにした。これにより、医療訴訟で医師を専門委員に起用して、医学的な観点から事件のポイントの説明を裁判官が求めることが可能になった（⇒第12講**2**参照）。また、事件処理が間延びしないよう、裁判所は「**審理計画**」を定めるものとし、計画的に審理を進めていくことが求められるようになった。そして、そのような計画的な審理を支えるため、訴え提起の前に当事者が十分な証拠・情報を収集できるような制度の整備も図った。そして、民事訴訟法とは別に、「**裁判の迅速化に関する法律**（裁判迅速化法）」というものも制定され、そこでは民事訴訟（刑事訴訟も同じ）の第一審手続を原則として、2年以内の期間に終了することを目標とし、裁判所・弁護士・当事者等がそれに向けて努力する責務を負うことが定められた。いわゆる数値目標が設定されたわけである（⇒第3講コラム参照）。

法曹人口増大と民事訴訟への影響

　以上のような民事訴訟制度の改善は大きな意義があるもので、現に大きな成果を上げているといえる。しかし、制度を変えたからといって、現実が劇的に変わるものではない。制度を支えるのは人である。人が変わらなければ制度は大きく変わらない。そのような観点から、司法制度改革の民事訴訟へのインパクトとして注目されるのは、何と言っても法曹人口の増大の民事訴訟への影響である。司法制度改革の中では、従来の法曹養成制度を大幅に組み替え、法科大学院制度・新司法試験制度を導入するとともに、司法試験合格者について年間3000人を目標に増大することとしている。この結果、2018年頃には実働法曹人口が5万人規模に達するとされている。これは、日本の法律家が10年余りで2倍、30年ほどで3倍に増えることを意味する。そして、その大多数は弁護士ということになる。弁護士が増えれば民事訴訟事件数は増える。これは国際的に見ても十分な因果関係が肯定できる経験則である。また、人数の急増は（法科大学院などの努力はあっても）、最下層の法曹の質の低下を伴わざるをえない。訴訟手続に十分に対応できない弁護士も出てくるであろう。増加する事件数の中、弁護士の活動が不十分な事件が相当の比率で生じる場合、それについてどのように対処するかは今後の民事訴訟制度の大きな課題となろう。詳細は後の章でふれるが、これまでと同様に、裁判官が重荷を背負い続けるか、一定の基盤を整備しながら利用者の自己責任を問う方向に転換していくか、大きな課題が待っている（⇒第5講・第15講参照）。

一般市民の司法アクセスの拡大

　また、市民サイドから利用しやすい民事訴訟を目指す動きとして、司法アクセスの拡大が司法制度改革の中で目標とされている。具体

的には、日本司法支援センター（**法テラス**）の創設とその活動の拡充が重要なものである。法テラスは、独立行政法人に類似した組織として、全国の地裁所在地に事務所が設置されるとともに、いわゆる司法過疎地にも地域事務所が設けられている。そして、各地の弁護士と契約するのみならず、常勤のスタッフ弁護士を擁して活動を展開している。活動内容としては、法・司法の情報提供、民事法律扶助、刑事国選弁護、犯罪被害者保護、法律相談機関・ADR機関の連携強化などがある。

　このうち、民事訴訟との関係で重要性を有するのが、まず**情報提供業務**である。従来、一般市民は弁護士に対して十分な情報をもたず、どのようにアクセスしてよいかも分からない状況であることが一般的であった。その結果、紛争が生じても、裁判所に行く前に弁護士事務所に到達できず、訴訟を事実上諦めるとか、被告とされても弁護士に相談に行くのが遅れ、すぐに対応できないなどといった状況が生じていた。紛争や訴訟に直面した市民が、まず法テラスに相談するという運用が確立すれば、民事訴訟へのアクセスは格段に改善するであろう。

　また、**民事法律扶助**の拡充も重要である。この制度は、資力が十分でない訴訟当事者に対して、訴訟費用や弁護士報酬を立て替えるものである。十分にお金がない市民が訴訟の提起や応訴を諦めるということでは、真の意味での**裁判を受ける権利**が保障されているとは言い難い。昨今様々な場で論じられている「格差社会」においては、特にこの制度は重要であり、法律扶助が拡充され、どのような人であっても司法にアクセスすることが可能になることによって初めて、民事訴訟が真に社会のインフラとなるといえよう。

コラム

● 行政改革・規制緩和と司法制度改革

　本文でも見たように、司法制度改革の潮流は大きく2つのものがあったように思われる。一方では、**自由主義経済のインフラ**として司法を認識し、司法を改革しなければならないとする経済界の潮流であり、他方では、**市民の司法アクセス**の改善を重視して、従来の司法改革の延長線上で今回の改革を捉える法曹界の論理であった。この2つの潮流は、現在の司法が質量ともに不十分なものであり、それを拡充しなければならない、という一点では共通の目標をもちえたものであり、それが、明治維新期の改革、戦後新憲法下での改革に続く、日本史上3度目の大規模な司法制度改革に繋がったものと評価することができる。

　しかし、この2つの潮流は、その最終的な目的を異にすることも確かであり、その意味では「同床異夢」の側面を当初から有していたといえよう。たとえば、同じ法曹人口の増加と言っても、経済界が望んでいるのは企業が活用できるような専門的知識をもった法曹の増加であるのに対し、「市民派」の側が期待するのはすぐにアクセスできる、過疎地や貧しい人たちのために活動する弁護士の増大であろう。また、利用しやすい民事訴訟といっても、経済界が念頭に置くのは知的財産訴訟など**専門訴訟の迅速化**などが中心であり、市民のアクセスを重視する立場ではむしろ**法律扶助の飛躍的拡大**などが中心である。このような同床異夢の状況は、司法制度改革が現実に移されていく中で、徐々に顕在化しつつあるように見受けられる。とりわけ、法曹人口問題をめぐる混乱はそのような矛盾を反映しているように思われる。すなわち、経済界の立場を代表する規制改革会議のような機関は法曹人口の増加ペースの加速を求めるのに対し、法律家の利益を代表する法務省や弁護士会は、それによって必ずしも法律家の業務範囲の拡大は実現していないとして、消極的な姿勢を示すという構図が生じている。

しかし、経済界の視点に立とうと一般市民の視点に立とうと、司法へのアクセスの確保が重要な課題であることは間違いがない。確かに、法曹人口の増大は一時的には矛盾をもたらすであろう。日本社会は余りに長期にわたって「小さな司法」に慣れてきてしまったからである。しかし、中長期的に見れば、「**大きな司法**」は日本社会にとって避け難い方向であり、望ましい変化である。現下の課題はいかにその方向に向けたソフトランディングを図っていくかという点にあり、後ろ向きの、現状維持の議論の迷路に陥ることなく、叡智を結集して建設的な解決策を模索していかなければならない。

第 2 部

民事裁判手続の理念と方法を学ぶ

Bridgebook

第3講
様々な紛争と様々な民事司法サービス

1　様々な紛争とそれに合った解決方法

　世の中には様々な紛争が渦巻いている。前にも見たように、それを最終的に解決するための手続として、裁判所の裁判手続が用意されている。ただ、裁判手続にも様々な種類があり、紛争の種類によって、色々な手続で解決されることが予定されている。

通常民事訴訟と法律上の争訟

　最も通常の裁判手続は、通常の民事訴訟である。通常、民事訴訟は大変間口が広いものであり、後に述べるような特別の裁判手続が用意されていない限りは、あらゆる紛争がそれによる解決の対象となる。数十億円にのぼる企業間の契約の債務不履行に基づく損害賠償請求訴訟から、数十万円の交通事故の物損をめぐる訴訟まで、ありとあらゆる紛争が民事訴訟により解決される。

　例外的に民事訴訟による解決の対象とならないような紛争として、「**法律上の争訟**」にあたらない紛争というものがある。言い換えれば、民事訴訟（その他の訴訟）で解決されるのは「法律上の争訟」のみであり、これは法律を適用することにより解決することのできる、当事者間の権利義務をめぐる争いである。したがって、たとえば小学

校の運動会の50メートル走で太郎君が1番か、二郎君が1番か、といった争いは、そもそも権利義務をめぐる紛争とはいえず、訴訟による解決の対象とはなりえない。

また、ある宗教団体で、ある人が異端の教説を述べたことを理由に除名処分を受けたような場合、その人が除名処分の無効を主張して訴えを提起しても、その教説が異端にあたるかどうかが争点となるような事件は、「法律上の争訟」にはならないと判例は解している。宗教上の教説の正しさといったものは法律を適用して判断することができず、また信教の自由を考えれば裁判所がそのような争いに関与すべきでない種類の事柄だからである。このような例外的な場合には、民事訴訟による解決を求めることはできないが、世の中の多くの紛争では民事訴訟が最後の解決手段となる。

民事訴訟以外の解決手続 ── 人事訴訟・家事審判

以上のように、通常民事訴訟によって解決される紛争が多いが、それ以外の紛争解決手続が用意されている場合がある。一般市民にとって馴染みのある紛争で、民事訴訟の対象外とされている代表的なものとして、**家庭関係の紛争**がある。たとえば、夫婦の間で結婚生活がうまくいかなくなった場合に、妻が夫に対して離婚を求めるとすれば、それは通常の民事訴訟とは別の仕組みで解決される。この場合、まず妻は、夫に対して家庭裁判所の家事調停を申し立てることになる。家庭関係の紛争では、当事者間の話合いで紛争が解決できればそれに越したことはないので、まず必ず調停を申し立てなければならないものとされている。これを**調停前置主義**という。

そして、調停がうまくいかない場合には、妻は夫に対して離婚を求める訴えを提起することができるが、この訴訟は通常の民事訴訟とは違い、**人事訴訟**と呼ばれる。このような家庭関係の事件の訴訟

手続では通常の財産関係の事件とは異なる配慮を要するため、特別の訴訟手続が設けられ、家庭裁判所が取り扱うこととされているものである。たとえば、人事訴訟では、当事者がある事実を自白しても裁判所はそれに拘束されず、真実を解明してそれに基づき判断しなければならない。これは、(親子関係などに顕著であるように)身分関係では特に真実に基づく解決の必要が大きいからである。

　また、一部の家庭関係の紛争は、そもそも訴訟ではなく、家事審判という形で解決される。「審判」とは、訴訟手続ではない特別の手続(「非訟事件」といわれる)であり、口頭弁論を開かず非公開で審理が進められ、また決定という簡易な形の裁判がされるものである。家事審判法が定める手続で、離婚の際の子の監護や財産分与を定める処分、遺産分割や寄与分を定める処分などがこの手続による。これらの裁判は、プライバシーに関係するところが多く、秘密の保護が問題となるし、迅速な裁判が望ましいことによる。また、ここでは、家庭裁判所に独自の機関である**家庭裁判所調査官**が活躍し、子の監護の状況やその意向の聴取などに、専門的な観点から関与するものとされている(⇒第14講参照)。

簡易迅速な解決

　また、通常の民事訴訟の対象となるような紛争について、それと並んで別個の解決方法が利用できる場合がある。特に、簡易迅速な解決の別ルートを設けたものである(⇒詳細は、⇒第13講参照)。

　(i) **少額訴訟**　　たとえば、民事訴訟法の中に**少額訴訟**という手続が定められている。これは、60万円以下の金銭の支払を求める訴えについて、簡易裁判所で、原則として1回の審理で弁論や証拠調べを終えて終結し、その日のうちに判決や和解によって紛争解決をしてしまうという手続である。また、不服申立ても制限され、異

議申立てにより通常訴訟における審理を求めることはできるが、控訴はできないものとされる。

　もともと簡易裁判所という制度は、軽微な紛争について簡易迅速廉価に紛争解決を図るため、戦後設置されたものであるが、従来はそれに応じた訴訟手続の特則が十分設けられていなかったため、次第に「ミニ地裁」化していく傾向にあった。1998(平成10)年施行の現行民事訴訟法はそのような傾向を覆すため、この少額訴訟という特別の手続を設けて、思い切って手続を簡易化し、1日で判決まで出せるようにしたものである。

　ただ、そのような簡易迅速な手続は当事者の手続権を害するおそれもあるので、60万円以下の請求であっても、必ずこの手続によらなければならないわけではなく、原告は通常民事訴訟を選択でき、また被告の側も通常訴訟がよければ移行の申立てができる仕組みになっている。一般市民間の紛争解決の方法として大変好評であり、敷金の返還、交通事故の物損、賃金の不払いなどをめぐる紛争で多用されている（その結果、従来30万円以下の請求に限定されていたものが、2003年の改正で60万円以下まで拡大された）。

　(ⅱ) **手形・小切手訴訟**　　さらに、同様の制度として、**手形・小切手訴訟**というものがある。これは、手形・小切手に基づく訴えについて、やはり簡易迅速な特別の訴訟手続を用意したものである。そもそも手形や小切手というものは、決済手段を簡易迅速化し、確実な支払いを担保するための制度である。ところが、それが不払い（手形では「不渡り」という言葉が使われる）に終わって、いざ裁判でそれを取り立てようとすると、普通の訴訟手続によらなければならないとすれば、手形・小切手の効用が大きく減じられるからである。そこで、手形・小切手訴訟では、原則として書証のみが証拠となり、

つまり、問題の手形や小切手のみを取り調べて、請求を認容する判決を迅速に出し、仮に不服申立てがされても、その判決の仮執行によって簡易迅速に債権を回収できることを保障した。これはその意味で、経済界の要請に基づく特別の手続といえる。

(iii) **督促手続**　　同様の趣旨のものとして、**督促手続**という手続が設けられている。これは訴訟手続ではなく、債権者の主張のみで裁判所書記官により支払督促が発せられ、債務者に異議がなければそれがそのまま債務名義（⇒第8講2参照）になり、確定判決と同一の効力をもつようになるものである。ただ、債務者から異議が出れば、それは失効し、通常の訴訟手続で審理がされる。いわば債権者から最初の一撃を加えることを可能にする制度であり、債務者の方に異議がないと考えられる債権（お金がないために返済できない債権）について、簡易な債務名義を作成する有効な方法として活用されている。

(iv) **その他の手続**　　このほか、最近では、特別の法律関係や当事者について、簡易迅速な救済を図るための特別の手続が用意される場面が増えている。たとえば、労働関係の紛争（解雇の無効や賃金の不払い等）を解決する手続として、**労働審判**という制度が設けられている。これは、労働審判委員会という裁判官と労使双方の代表からなる労働審判員2名で構成される委員会が、まず調停による解決を図り、それが失敗した場合には、そのような話合いの経緯を踏まえて労働審判という決定をする手続である。労働審判には不服のある当事者が異議の申立てをすることができ、異議申立てがあると労働審判は失効し、通常の訴訟手続に移行する。労働審判は原則として3回以内の期日で終了し、迅速な解決が図られる。

また、犯罪被害者の救済について、**損害賠償命令**という制度もあ

る。これは、犯罪被害者保護法の中に規定され、刑事事件に付随して審理がされる特別の手続で、刑事判決の言渡し後4回以内の期日で裁判所が損害賠償命令を発するものである。不服のある当事者から異議があった場合は、やはり民事訴訟に移行するが、命令に仮執行宣言が付されているときは、その効力は生き残り、被害者の迅速な救済が図られる（⇒第13講参照）。

　以上のように、民事の通常訴訟以外に様々な手続が裁判所に設けられ、個別の事件や当事者のニーズに即した紛争解決が可能になるようなスキームが構築されつつある。このこと自体は、司法制度を公的サービスとして捉える本書のスタンスからは望ましいことと評価される。ただ、本書の中心的な課題は民事の通常訴訟にあるので、以下では、通常訴訟を主に対象として取り扱っていきたい。

2　どこに何を訴え、どのように解決していくのか

　さて、訴えを提起する場合に、まず最初に問題となるのは、どこに何を訴え、どのように解決が図られていくのか、という点である。

どこに訴えるのか

　そこでまず、どこに訴えるのか、という問題である。もちろん裁判所に訴えるということは言うまでもないが、日本には多数かつ多種の裁判所がある。まず裁判所の種類としては、**最高裁判所**、**高等裁判所**、**地方裁判所**、**家庭裁判所**及び**簡易裁判所**という5種類がある。このうち、最高裁判所と高等裁判所は原則として不服申立て（**上訴**）だけを取り扱う裁判所であり、家庭裁判所は、前述のように（⇒1参照）、人事訴訟を扱うが、通常の民事訴訟は扱わない。したがって、通常民事訴訟に関しては、地方裁判所か簡易裁判所かの選

択となる。

　(i) 訴　額　　どちらに訴えるべきかを決めるのは、その訴訟において問題となる経済的な利益の金額（「**訴額**」といわれる）である。訴額が 140 万円を超える場合には地方裁判所、140 万円以下の場合には簡易裁判所の管轄となる。なお、簡易裁判所に訴えを提起する場合には、代理人が弁護士でなくてもよいとか、口頭で提訴できるとか、手続が簡易になっている。

　(ii) 土地管轄　　以上のような形で、地方裁判所か簡易裁判所に訴えを起こすとしても、それぞれの裁判所は日本全国に多数ある。地方裁判所は本庁だけで 50 か所（支部を入れれば 253 か所）、簡易裁判所は 438 か所ある。そこで、どの地方裁判所、どの簡易裁判所に提訴するかが次の問題となる。これが**土地管轄**の問題である。土地管轄の大原則は、**被告の住所地**において訴えを起こさなければならないということである。誰しも自分の本拠地で訴えを起こす方が色々な負担が少なくなるので、それを希望する。しかし、原告は自分から訴えを起こす時機を選べるのに対し、被告はいわば不意をつかれることを考慮すると、原告が被告の本拠地に赴いて提訴するのが、公平に適うと考えられよう。いわば時間の不利を場所によって取り返すことを被告に可能にしているわけである（「原告は時を支配し、被告は場所を支配する」）。

　ただ、具体的な事件によっては、その事件を審理するのにより適切な裁判所が想定できる場合がある。たとえば、東京の人と大阪の人が札幌に旅行中に喧嘩をして東京の人が負傷したような場合、東京の人が損害賠償の訴えを提起しようとするとき、被告の住所地である大阪地方裁判所に訴えを提起することが原則であるが、この場合、その喧嘩の目撃者や証拠品などは札幌に集中していると考えら

れ、札幌地方裁判所で審理をする方が便宜に適うと思われる。そこで、このような場合には、**不法行為地の管轄**というものが認められ、札幌地方裁判所に提訴することも可能とされる。このような**特別の管轄**というものが様々な訴訟の類型に応じて認められている。

何を訴えるのか

どこで訴訟するかが決まれば、次に問題となるのは、何を訴えるのかという点である。民事訴訟においては、裁判所にどのような判決をして欲しいかということを原告が決めなければならない。

(ⅰ) **訴 訟 物** 原告のこのような要求を**請求**といい（あるいは**訴訟物**ともいう）、訴訟手続はこの請求をめぐって繰り広げられることになる。請求は特定したものでなければならず、たとえば隣地間の紛争で原告が「困っているので、とにかく何とかしてください」という訴えを裁判所に提起したとしても、訴えは不適法として却下されるほかない。原告としては、必ずどのような判決を求めるかという明確なイメージをもって訴えを提起する必要があるのである。

(ⅱ) **処分権主義** そして、裁判所も原告の請求に拘束され、原告が請求していない事項について判決をしたり、原告が請求している事項を超えて判決をしたりすることはできない。たとえば、欠陥のある住宅の買主から売主に対する訴えで、原告は1000万円の損害賠償を請求しているのに、裁判所が欠陥部分の修繕を命じたり、実際には損害がさらに多いとして1500万円の賠償を命じたりすることはできない。このように、原告の請求に裁判所が拘束されるという基本的な原則のことを**処分権主義**という。民事訴訟はあくまで当事者の私的な利益を保護するために行われるものであるので、原告が求めていない救済を裁判所が与えるのは「余計なお世話」だからである。

ただ、原告が弁護士等の代理を受けている場合はそれでよいが、原告の法的な知識が十分ではないため、本来受けられるはずの救済が受けられないという事態は正義に反する。そこで、そのような場合には、裁判所は一定の範囲で釈明をして、原告の請求を変更させるようなアドバイスをすべき場合があるのではないかと考えられている（⇒第5講も参照）。

裁判の方式

以上のように、原告から請求が提示されると、裁判所はそれに対して必ず**判決**をしなければならない。訴えが提起されたのに、裁判所がそれを無視して放置するというようなことは、発展途上国などでは時に起こるようであるが、「**裁判拒絶の禁止**」の基本原則により、日本では許されない。これは、裁判を受ける権利が憲法上日本国民に保障されていることの最も基本的な帰結である。

そして、裁判所は、訴えに対しては判決で応答する。裁判所のする裁判の種類としては、判決のほかにも、**決定**や**命令**という簡易な方式もあるが、訴えに対しては最も正式の裁判の方式である判決で応えなければならない。

口頭弁論の必要

判決をするためには、必ず**口頭弁論**というものを開く必要がある。これは、公開の法廷に両当事者を呼び出して行われる裁判所の期日であり、この期日の中で、当事者は口頭で自分の主張を展開し、証拠を提出していく権利が保障されている。このような口頭弁論は必ず**公開**で行われる。つまり、当事者は、誰でもアクセスできる公開の場で、自分の言い分を裁判所に聴いてもらえる機会が必ず保障されるわけである。これによって、「暗黒裁判」と言われるような秘密裡に裁判がされるという事態は日本では生じないことになる。ま

た、当事者は期日に呼び出されて必ず裁判所から言い分を直接聴いてもらえ、また相手方の主張や証拠も知ることができる。このため、一方当事者の言い分だけに基づいて裁判所が判決を下してしまうという事態は日本では生じないことになる（昔から法諺として「片言訟を断ぜず」ということが言われるが、現行法は口頭弁論という形でそれを制度上も保障しているといえる）。

このように、**口頭弁論期日による審理**が保障され、そこで当事者の**主張立証の権利**が保障されるということが民事訴訟における当事者の手続権の基本を構成することになる（⇒第4講参照）。

3　手続の流れと現実の姿

以上に見てきたような形で、訴えが提起され、裁判所がそれに判決を下していくわけであるが、もう少し具体的に民事訴訟の手続の流れを見てみよう。

訴えの提起

（ⅰ）**訴状の作成**　　原告は訴えを提起するについて、**訴状**を作成し、それを裁判所に提出する。訴状を受理した裁判所は、事件を各裁判体に配付する。民事訴訟事件については原則として単独体、つまり1人の裁判官が審理をするが、事件が重要である場合などには合議体、つまり3名の裁判官で構成された裁判所が事件を扱うこともある（実際には、合議体の事件の比率は、3.9％である。統計は、以下特に注記がなければ、2008年のものである）。事件の配付を受けた裁判所は、第1回の口頭弁論期日を指定する。

（ⅱ）**訴状の送達**　　そして、裁判所（具体的には、裁判所書記官）は、被告に対して、口頭弁論期日の呼出状とともに、訴状を送達する。

48

この送達は、通常被告の住所に宛て、郵便でなされるが、郵便が到達しない場合には、仕事場に送達されたり、また夜間・休日に送達されたりすることもある。

それでも、到達しない場合、被告がそこに住んでいることが確かな場合には、書留郵便に付してそれが出された時に送達の効力が生じる扱いがされることもある（「付郵便送達」という）。また、被告がその住所に住んでいないことが分かったときは、被告の引越し先等を探すことになるが、それがどうしても分からなければ、公示送達という方法がとられる。これは、裁判所の掲示場に、被告に対する訴えが提起されており、訴状を書記官が預かっている旨を公示し、それで送達の効力があったとするものである。裁判所の掲示場を毎日見ているような物好きの人はいないので、これは一種のフィクションである。いずれにしても、この送達という作業はなかなか大変なものである。

口頭弁論の手続

(i) **欠席裁判**　第1回の口頭弁論期日には、被告が出席することも欠席することもある。被告が欠席した場合は、被告には争う意思がないとみなされ、原則としてその期日で手続が打ち切られる。訴状が通常に送達されていれば、被告は原告の主張する事実を争わないものとみなされ、そのまま原告勝訴の判決がされる。他方、訴状が先に述べた公示送達で送達された場合は、原告が自らの主張する事実について証拠を出して、裁判所は通常その事実を認定して原告勝訴の判決を下す。このような判決を実務上は**欠席判決**と呼ぶ（欠席判決の率は、35％となっている）。

(ii) **答弁書と準備書面**　被告が出席してきた場合に、初めて訴訟らしい訴訟になるわけであるが、この場合には、まず被告側から

訴状に対する言い分を主張することになる（その言い分を書面としたものを「**答弁書**」という）。それに応じて、原告側もさらに主張を補充し、さらに被告側が反論するという形で、主張の交換がされることになる（そのような主張を書面で準備したものを「**準備書面**」という）。

争点整理手続

そして、裁判所と両当事者との間で、双方の主張の食い違っているのがどの点であり、どの部分が判決をするについて重要なポイントとなり、証拠調べにおいて確定しなければならないかを明らかにする作業を行う。これが「**争点整理**」と呼ばれる手続である。争点整理の手続は、多くの場合、口頭弁論期日とは異なる期日である弁論準備期日で行われる。訴訟はすべて、まず争点となる事実を確定し、それに法規範を適用する形で行なわれるべきものであり、その意味で、この争点整理の作業は民事訴訟手続において極めて重要なものといえる（争点整理の手続について詳しくは、⇒第6講参照）。

証拠調べ

争点が整理されると、その点に向けた**証拠調べ**の手続に入ることになる。事実は必ず証拠に基づき認定しなければならないというのが近代裁判の大原則である。

証拠調べの方法としては、文書の証拠調べである**書証**、物や場所の現状を確認する**検証**、第三者が見聞した事実について証言する**証人尋問**、当事者が見聞した事実について陳述する**当事者尋問**、専門家が専門的知見に基づき意見を述べる**鑑定**の5種類がある。

このような方法で裁判所は争点とされた事実の認定を行っていくことになる（ただし、検証や鑑定は特殊な証拠調べで、利用される率は低い〔全事件のうち検証の実施は0.1％、鑑定は0.6％に留まる〕）が、実際上は、争点整理の手続の過程で、書証の取調べも行われるのが通常である。

真の争点を見極めるためには、当事者の言い分を裏付けるような文書があるかどうかは重要なポイントになるからである。

そこで、争点整理手続の後の証拠調べの最も中心的なものは、証人尋問・当事者尋問ということになる（これらを併せて「**人証調べ**」という）。これらは、口頭弁論期日において、両当事者及び裁判官が証人・当事者に対して質問をぶつけ、その証言・陳述を求め、場合によっては反対尋問によってその証言内容を崩していくといったもので、テレビや映画の裁判ドラマにも必ず出てくる法廷における花形の場面となる。現在は**集中証拠調べ**ということで、1回の期日、または、連続する短期間の期日で人証調べを終えてしまう運用が一般的である（証拠調べの手続について詳しくは、⇒第7講参照）。

判決と和解

証拠調べが終了すると、裁判所はその結果に基づき事実を認定し、それに法を適用して判決をすることになる。ただ、実際には、訴えが提起された事件のすべてについて判決がされているわけではなく、そのかなりの部分は和解によって終了する（2008年に終了した事件のうち、判決による終了が32％であるのに対し、和解は29％に上っている⇒第8講参照）。訴えを起こす前には当事者間でまず話合いがされ、場合によっては前に述べたADRなども活用され、それでもダメで裁判所に来ているのだとすれば、通常は和解ということはありえないようにも思われる。しかし、現実には、裁判所を交えて争点整理を行い、集中証拠調べまでやると、当事者にも訴訟の勝敗がある程度見通すことができるようになり、また最終的に判決をする権限をもつ裁判所が一定の和解案を出して説得すれば、相当の重みがある。民事訴訟において和解をどのように位置づけるかについては、歴史的にも変遷があり、現在も議論のあるところであるが、それが現実に

大きな役割を果たしていることは否定できない。

そのような和解もできない場合に、最終的に判決による解決が図られることになる。判決が出されて確定すると、それは当事者間の権利義務関係を最終的に確定する効力（「**既判力**」という）を有する。また、判決が被告に対して一定の行為を命じるものであるときは、その判決に基づき強制執行をすることができる効力（「**執行力**」という）を生じることになる（和解及び判決について詳しくは、⇒第8講参照）。

上　訴

判決の内容に不服のある当事者は、判決に対して**上訴**を提起することができる。上訴は、第一審判決に対する**控訴**及び第二審判決に対する**上告**が中心的なものである（さらに、決定・命令という簡易な裁判に対する上訴として**抗告**がある）。

（i）**控　訴**　控訴は、第一審判決について、事実認定・法適用の両面からもう一度見直しを求めるものであり、第一審が簡易裁判所の場合は地方裁判所、第一審が地方裁判所の場合は高等裁判所が取り扱う（地裁第一審判決に対する控訴率は15％、控訴に基づく原判決の取消率は26％である）。

（ii）**上　告**　これに対し、上告審は、控訴審のした判決について、その法適用の誤りのみを再審査するものであり、事実認定については控訴審の判断に拘束される（その意味で、上告審は「**法律審**」と呼ばれる）。上告は、控訴審が地方裁判所の場合は高等裁判所、控訴審が高等裁判所の場合は最高裁判所が取り扱う（高裁控訴審判決に対する上告率は35％、上告に基づく原判決の破棄率は1.8％である）。ただ、最高裁判所が上告審になる場合は、すべての法令違反を扱うのではなく、その中でも特に重要な意味をもつ法律問題が含まれる事件だけを取り扱う。これによって、最高裁判所の判例統一の機能をより

よく発揮しながら、その負担を軽減しようとしたものである。

　なお、判決が確定した後も、その手続過程や判断に大きな誤りがある場合（たとえば、証拠の偽造や証人の偽証が発覚した場合や裁判官がその事件について収賄をしていた場合など）には、再審の訴えを提起して、確定判決の取消しを求めることができる。ただ、これは確定判決の安定性を害するものであるので、極めて例外的な場合に限定されている（上訴の手続について詳しくは、⇒第9講参照）。

> **コラム**
>
> ### ● 民事訴訟の迅速化の状況
>
> 　民事訴訟が遅延しているという不満は一般国民の間に広く浸透している。かつて司法制度改革が論じられる中で、当時の内閣総理大臣であった小泉純一郎氏は「思い出の事件を裁く最高裁」という川柳を引用されたことがある。ただ、現実には、日本の民事訴訟は、近時画期的に迅速化しつつある。たとえば、最も審理が遅延していた1973(昭和48)年には民事第一審の平均審理期間は17.3カ月と約1年半を要していたが、1990(平成2)年の時点では12.9カ月と1年強まで短縮した。その後、審理の迅速化に向けた実務の運動や民事訴訟法の改正などを受けて、さらに迅速化が進んだ。1995(平成7)年には10.1カ月、2000(平成12)年には8.8カ月となり、2006(平成18)年には7.8カ月となっている。現在では、約80％の事件が1年以内に終局し、2年を超える事件は全体の5.6％に止まっている。このような状況は、専門家の目から見ればもはやこれ以上迅速化の余地はないところまで進んでいるようにも感じられる。
>
> 　しかし、訴訟の利用者の観点はそれとはかなり異なるようである。2006(平成18)年に行われた民事訴訟の利用者の実態調査によると、審理期間を「やや長い」または「長すぎる」と感じた人の割合は41.5％であり、「合理的」と感じた31.0％を大きく上回っている。とりわけ問題であると感じられるのは、審理期間について全く予想がついていなかったと回答した当事者が60.0％に上る点である。人はある作業を行うについてその全体の見通しがつかなければ、どうしてもそれに要する時間を長く感じるものである。客観的なデータとしての「迅速化」と主観的な意識としての「遅延」の挟間に、このような審理時間の予測の問題があるとすれば、問題の解決のためには、**計画審理**や**迅速訴訟制度**など思い切った手続・制度の改革を要するかもしれない。

Bridgebook

第 **4** 講

民事訴訟における手続保障の意義と
当事者の権利・義務

1 手続保障は何のために必要か

　民事訴訟において、当事者には様々な手続上の権利が保障されている。民事訴訟手続とは、当事者に対する手続保障の連鎖であると言っても決して過言ではない。詳細は後に述べるが（⇒**2**参照）、たとえば、当事者になれば必ず期日が通知され、そこに出席し、自己の言い分を主張し、証拠を提出する権利を有する。また、判決が出た場合にも、それに不服があれば上訴をする権利が認められる。裁判所は、審理を進めていくについて、このような当事者の手続的な権利を尊重しなければならない。このような手続保障がされることは、現在の民事訴訟においては疑いのない当然のことであると考えられている。

　しかし、歴史的に見ればこのような手続保障は決して自明の前提ではないし、また現代の問題としても、必要とされる手続保障はどこまでのものかについて確たるコンセンサスがあるわけではない。現在の手続保障の水準を将来にわたり維持し、また時代の流れに合わせてどのような手続保障を民事訴訟において図っていくかを考えていくについては、そもそも手続保障がなぜ必要であるのかについ

て考えておく必要があろう。
手続保障の根拠
　民事訴訟における手続保障の必要性の根拠については、いくつかの考え方がありうる。
　(i) 自己責任と判決の正統性　　1つの考え方は、民事訴訟手続において敗訴した当事者に対して、その敗訴判決の効力を及ぼすためには、手続保障がされていることが前提になるというものである。仮に手続保障が十分ではない民事訴訟手続というものを考えてみよう。そこでは、当事者が呼び出される期日というものは開かれず、当事者の提出する証拠も裁判所は忙しければ無視してよい。上訴の権利も認められていない。仮にこのような手続の中で当事者の言い分が認められず敗訴し、その判決によって自己の権利が主張できなくなる、あるいは自己に対して強制執行がされるとして、果たしてその当事者は納得するであろうか。当事者に対してその判決を強制的に受容させることが正統性を有すると考えられるであろうか。やはり当事者に対して十分な手続上の権利が保障され、そのような権利を当事者が駆使して、あるいは十分に権利を使わず懈怠して、その結果、敗訴判決になったときに初めて、その当事者に判決の結果を受け入れさせることができるのではなかろうか。つまり、十分な手続保障の付与とその結果である当事者の自己責任として、民事訴訟の判決の効力を正統化できるという考え方である。
　これは、一般的な資本主義の考え方に似ている。新しい事業を起こそうとする企業家は、様々な事業活動を自由に行うことができ、そのような機会を与えられる。それにもかかわらず、結果としてその事業が失敗すれば、その者の自己責任を問うことができる。様々な規制で手足を縛って結果として失敗に陥った企業家を責めること

はできない。そのようなことで失敗の責任を負わされるとすれば、誰も事業を起こさなくなる。民事訴訟でも同じことで、十分な手続権が保障されないにもかかわらず、その結果だけを負わされるのだとすれば、誰も民事訴訟など利用しなくなるであろう。

(ⅱ) **目的としての手続保障**　以上のような理由に基づく手続保障の必要性には一定の説得力があるように思われる。ただ、このような考え方には有力な批判もある。それによれば、以上のような考え方は余りに訴訟の「結果」に拘泥しすぎているということになる。訴訟手続において重要なのはむしろ手続保障がされて行われるその手続自体であると考えられる。言い換えれば、当事者に対する手続保障というものは、何かを正統化するための手段なのではなく、それ自体が民事訴訟の目的であるとするわけである。すなわち、この見解は、民事訴訟の目的は、最終的な判決を出すこと(それに基づき紛争を解決し、当事者の法的利益を保護すること)にあるのではなく、それに至る手続過程において法的なルールに基づき当事者が十分な議論をすること、それによって当事者間で途絶していた話合い(交渉)のルートを回復し、合理的な交渉が促進されることにこそ目的があると主張するものである。

　このような考え方は、民事における紛争は当事者間の交渉で解決されるのが本来であり、民事訴訟というものは紛争過程の中で失われたそのような交渉の糸口を回復し、当事者の本来もっていた「**紛争解決力**」を側面から援助するものであるという訴訟観に基づく。これは一定の魅力を有する考え方であり、特にそれによって手続保障というものが敗訴判決を受け入れさせる手段に止まるものではなく、民事訴訟の目的それ自体であると位置づけられる点は大きな意義をもつ。

しかし、民事訴訟が当事者間の交渉の過程であるという訴訟観は一般の支持を得られるには至っていない。なぜなら、民事訴訟が、交渉やADRなどと異なる紛争解決方法である最大の特色は、最終的に判決という形で国家権力によって当事者の合意なしにその利益保護が図られる点にあるからである（これは第1講で強調したとおりである）。その意味で、以上のような考え方は、判決＝結果の部分を余りに軽視するものであり（ADRの基本理論としてはともかく）、民事訴訟の本質にそぐわない点があることは否定し難い。

公的サービスとしての手続保障

以上のような点で、当事者の手続保障が必要となる理由としては、基本的に最初に述べたような説明が相当であると考えられる。

しかし、なお考えておくべき点はあるように思われる。敗訴した当事者の自己責任を問うという考え方は、どちらかと言うと、そのような正統化が可能となるような必要最小限の手続保障とはどのようなものか、という問いかけになりがちである。しかし、手続保障の議論の射程はもう少し広いものであるべきではなかろうか。民事訴訟を公的サービスの一環として位置づける考え方（⇒第1講2参照）を前提とすれば、むしろ公的サービスとして望ましい水準の手続保障はどのようなものであるかが議論の対象とされるべきことになる。そして、そこで求められる手続保障は、民事訴訟法の中での個々的な手続権に限定されず、司法制度全体のあり方の中で検討されるべきことになろう（その詳しい内容は、⇒次項2）。つまり、敗訴当事者に対して、「これだけの手続保障が与えられてそれでも負けたのだから納得してください」という正統化に止まらず、むしろ国民に対して「これだけの手続保障を備えた立派な民事訴訟制度を整えているのでこれだけの予算を使っても納得してください」という

正統化の要素も必要になるということである。手続保障はそのような意味でまさに民事訴訟サービスの質を規定する1つの重要な要因であり、より広い視野から実質的にどのような制度・手続が整えられれば確保されることになるものかを考えていく必要があろう。

2 当事者の手続上の権利はどのようなものか

　前にも述べたように、民事訴訟の手続は当事者の手続的な権利の集積ともいえるものである。以下では、当事者に保障されている権利の中身を具体的に見ていきたいが、1でもふれたように、大きな制度改革に向けた手続保障という観点も踏まえて、どのあたりに現状の問題点があるかも含めて考えてみよう。

基本的な当事者の権利

　(i) 提訴を知らされる権利　　訴訟手続においてまず最も基本的な当事者の権利として、被告について自己に対する訴訟手続の係属を知らされる権利がある。手続上色々な権利が認められるといっても、まず自分に訴訟が起こされていることを知らなければそれらの権利も行使のしようがないからである。

　そこで、前にも述べたように、訴えが提起されると、必ず訴状が被告に送達されることになる。そして、訴状の送達が完了しない限り、訴訟手続は進行しないこととされるわけである。ただ、被告にどうしても訴状が送達できない場合が問題となる。被告が住所地に常時不在の場合や、被告の住所がそもそも不明の場合などである。このような場合に、実際に訴状が被告に手渡せないからといって手続が進行できないということになると、今度は原告の裁判を受ける権利が害されてしまう。そこで、民事訴訟法は、原告の裁判を受け

る権利と被告の手続権とのバランスをとるため、このような場合には**送達の擬制**の方法を認めている。訴状を書留郵便に付すことでそれが到達しなくても到達したものとみなす**付郵便送達**とか、裁判所の掲示場に掲示して一定期間経過すると送達されたものとみなす**公示送達**といった方法である。これは、原告の裁判を受ける権利のために被告の手続権を制約した「苦肉の策」といえよう。

(ⅱ) **弁論権** 次に、実際の訴訟手続が開始した後は、最も重要な当事者の権利として、自己の言い分を主張し、自己に有利な証拠を提出する権利がある。**弁論権**などと呼ばれる権利である。一方の当事者の言い分を全く聴かずに判決をしてしまったり、証拠を提出することを認めずに判決をしてしまったりするとすれば、それは近代裁判の名に値しないであろう。

これは現代の裁判では常識的な事柄であるが、実際の訴訟で問題となりうる場面として、その主張や立証が裁判所の目から見れば不要と考えられるような場合がある。特に証拠については、当事者がある証人の尋問が真実解明のために不可欠であると考える一方、裁判所の方はその証人を尋問してみても余り意味がないと考えるという場面は日常茶飯事である。その場合、証拠を提出する権利は当事者の基本的な権利であるとしても、やはりそれを無制限に認めることはできない。この問題を解決するには、裁判所と当事者との間で十分に争点を詰める作業を行い、どの争点についてどの証拠で立証するかを仔細に議論し、共通認識を形成することで、取調べが必要な証拠を取捨選択していく作業が重要となる。

(ⅲ) **証拠収集の権利** また、もう一つ制度に関わる問題として、いくら当事者に証拠を提出する権利が認められるとしても、必要な証拠の存否・所在を知り、それを収集する権利がその前提として認

められていなければ、証拠提出の権利（及びその証拠に基づく事実主張の権利）は空文に帰するという点がある。この点は、現在の民事訴訟法が抱える最大の問題の1つと言って過言ではない。この点は、民事訴訟法の改正によって確かに徐々に改善が図られてきている。現行民訴法が1998(平成10)年に施行されたことにより、当事者は相手方や第三者が所持する文書についても相当広い範囲でその**提出命令**を裁判所に求めることが可能になった。また、新たに**当事者照会**という制度が創設され、当事者間で主張立証の準備に必要な情報について相手方に照会することが認められた。

ただ、後者の制度は、相手方がそれに応じなくても特に制裁はないため、十分に活用されていないという指摘がされている。2003(平成15)年の民事訴訟法改正でも、当事者照会が一定の要件の下で訴訟係属前にも認められたが、状況はそれほど変わっていない。民事訴訟を当事者中心に展開していくためには、必要な情報・証拠を当事者が自発的かつ実効的に収集できる制度の整備が必要不可欠な条件となるが、実質的な意味での手続保障という観点からはこの点が大きな問題となってこよう（⇒第5講**2**も参照）。

(ⅳ) **情報をチェックする権利**　以上のように、当事者が自分で主張証拠を提出していく権利は重要であるが、それとともに相手方が提出した主張や証拠を始めとしてその訴訟手続で判決の基礎とされるべき情報について、それをチェックする権利も重要な当事者の手続権といえる。相手方がどのような言い分を出しているかを認識し、それに対してどのような**反論**を提出するか、また相手方の提出した証拠を確認し、それに対してどのような**反証**を提出するか、という点は訴訟の帰趨を決する事項である。したがって、当事者には、相手方の主張立証が展開される場である期日が必ず**告知**され（これ

は自らの主張立証を提出する場でもあるので、その提出を保障する機能も併せ持つ）、それに出席する機会が保障される。また、相手方の主張（**準備書面**）や証拠は必ず当事者に送付される。さらに、相手方の言い分が明確でない場合には、それを明確にしてもらうため、裁判所を通じて質問する権利が認められる（「**求問権**」といわれる）。そして、相手方の申し出た証人の尋問においては、**反対尋問**を行って、その信用性をチェックする権利がある。このように、当事者には、裁判所が判決の基礎として使用する資料についてすべてチェックし、反論・反証があればそれを提出する権利が認められるわけである。

(v) **不服を申し立てる権利**　以上のような手続を経て裁判所が判決をした場合、当事者はその判決に不服があれば不服を申し立てる権利を有する。判決に対する不服申立ては上訴と呼ばれるので、この権利は**上訴権**と呼ばれる。判決をする裁判官も人間であり、常に誤りを犯す可能性がある。少なくとも敗訴した当事者から見れば、1つの裁判体が自己に不利な結論を出したからといって、直ちにそれに納得するということは難しいであろう。そこで、民事訴訟制度は、上級の裁判所を設けて判決に対する不服申立てをする権利を当事者に認め、もう一度判断内容をレビューしてもらうことを可能にしているわけである。その意味で、上訴権は重要な当事者権といえる。

ただ、実際に上訴制度を構築する際に困難な問題となるのは、敗訴した当事者の上訴権と対立する利益として、勝訴した当事者の早く判決を確定させる利益（それが給付判決である場合は早く強制執行をして利益を実現する権利）がある点にある。結局、どのような形で両者の権利利益を調整するかという問題になり、それによってどのような上訴制度を設けるか、どのような要件で上訴を制限するかが定

まってくる。詳細は後述するが（⇒第9講参照）、一般に上級審に行くほど、それを構成する裁判官の数は減少するから、上訴される率とのバランスで、上訴を制限しなければ上訴審裁判官が過重な負担を負う結果になり、上訴審に時間を要し、勝訴した当事者の利益保護の実現が遅れるという結果を招くおそれがある。しかし、他方では、言うまでもなく、上訴を制限することにより、敗訴当事者の不服申立権が侵害されるおそれがあるわけで、制度の構成に際しては常にそのバランスを考えておかなければならない。

(vi) **そのほかの様々な権利** 　以上が基本的な当事者の権利であるが、そのほかにも訴訟手続上当事者には様々な権利が認められている。たとえば、不公平な裁判をするおそれがある裁判官について**除斥**や**忌避**を申し立てる権利、管轄権を有する裁判所ではない裁判所に訴えが提起された場合に事件の**移送**を申し立てる権利、裁判所が次回の期日を指定してくれない場合に**期日の指定**を申し立てる権利、**訴訟記録の閲覧謄写**を求める権利などである。これらの行為については、当事者の申立権が認められているわけであるが、それは、当事者からの申立てがあれば、裁判所は必ず何らかの応答をしなければならないことを意味する。いわば裁判所から無視されない権利を当事者に認めたわけである。

　ただ、そのような当事者の権利は同時に一定の責任も伴うものである。たとえば、訴訟手続の違反を当事者が知った場合には、当事者はそれに対して異議を述べることができるが（これを「**責問権**」と呼ぶ）、当事者が遅滞なくこの異議を述べないと、異議を述べる権利を失ってしまう。言い換えれば、「権利は当事者にあるけれども、適時適切にそれを行使しないと権利が消滅してしまいますよ」ということである。そして、そのことはその訴訟でその当事者が敗訴す

る結果を生むことになるかもしれない。その意味で、権利と責任は対になっているのであり、民事訴訟においては当事者の責任も同時に重いものであることを忘れてはならない。

3 当事者が民事司法サービスを受けうる要件は何か ── 訴訟要件

さて、人は、訴訟の当事者になることによって、以上のような権利を享受することになり、それはまさに訴訟が公的サービスとして提供されていることの結果である。しかし、すべての事件ですべての当事者がそのようなサービスを享受できるわけではない。そこには、(多くの公的サービスがそうであるように) 一定の要件が必要である。これを**訴訟要件**という。訴訟要件を欠いた訴えが提起された場合には、その訴えは**却下**される。これは、マスコミなどでは「門前払い判決」などともいわれるもので、当事者が設定した請求の中身の審理には入らずに、形式的な要件のみで申立てを斥ける判決に至るものである。その意味では、この場合には、実質的な意味での当事者権は保障されているとは言い難いが、それはそのような当事者の請求には当事者権を保障する意義がないと評価されたことによるわけである。訴訟要件のうち重要なものとして、請求 (訴え) に関する要件である訴えの利益と当事者に関する要件である当事者適格の問題があるので、以下順次見ていきたい。

訴えの利益

(i) **訴えの利益とは**　まず、**訴えの利益**という訴訟要件があり、これを欠く訴えは却下される。訴えの利益とは、原告が提起した訴えが本案判決を受ける要件として備えていることを求められる正当な利益ないし必要性のことである。

たとえば、私が、この文章を作成しているパソコンの所有者であるということを、この本を読んでいるあなたに対して確認を求めて訴えを提起するとする。しかし、あなたは私と会ったこともなく、ましてこのパソコンが私の物であるかどうかに何の関心もない。このような場合でも、裁判所はその訴えについて審理し、判決を下さなければならないのであろうか（判決がされれば、もちろん私の勝訴になるはずだけれども）。

訴訟というのは公的サービスの一環として国民の税金を費やして運営されているものである。無駄な訴えが提起され、それについて審理がされると、裁判所の人件費や施設費が無駄に浪費され、納税者の負担になる。また、本当に救済に値する訴えを提起しているほかの人の審理が後回しになって迷惑をかけることになるかもしれない。さらに、訴えを起こされる相手方の利益を考えても、それが大きな迷惑になることは否定できない。このようなことを考えれば、無駄な訴え、正当な利益のない訴えは、中身についての審理判決の対象にしないことが必要となるわけである。これが訴えの利益という概念が必要な所以である。

(ⅱ) **訴えの利益の認められる場合**　　それでは、具体的にどのような訴えが問題になるのであろうか。訴えの利益が問題になるのは、先の例からも分かるとおり、通常、当事者間の権利の確認を求める訴えである。お金の支払を求めたり、建物の明渡しを求めたりする場合は当然訴えの利益が認められるが、土地の所有権の確認を求めるような場合は、理論的にはいつでも誰に対しても訴えが提起される可能性がある。しかし、実際に当事者間で紛争があり、その紛争を解決するためにその権利の確認をすることが有効であるような場合でなければ、訴えの利益は認められない。たとえば、私の土地を

長い間占有していたので、時効により取得したと主張している隣人や、私の土地を私の代理人から購入したと主張している者に対し、そのような事実を否定、私の所有権を確認する訴えには、訴えの利益が認められるが、私の土地を借りて毎月地代を払っているような借地人に対して所有権の確認を求めることは通常必要性がなく、訴えの利益が否定される。

また、より直截な解決方法がある場合も、確認の訴えの利益は否定されることがある。たとえば、あなたが10万円のお金を貸した友人が借入れを否定している場合、その10万円の貸付債権の確認を求めることも考えられるが、この場合は10万円の支払を求める給付の訴えを起こす方がより直截な利益救済・紛争解決が図られるので、通常、確認の訴えの利益は否定されることになる。このように、訴えの利益は、無駄な訴訟手続に付き合う裁判所や相手方当事者の負担を防止し、意味のある訴訟事件に裁判所の貴重な資源を集中させる機能を有する。

当事者適格

(i) 当事者適格とは　　当事者適格もまた重要な訴訟要件の1つである。これは、請求の対象となっている訴訟物について、本来誰が当事者となって訴訟手続を追行し、判決の名宛人となるべきか、ということに関する。当事者には当事者権が付与され、攻撃防御の機会が訴訟手続上与えられるが、訴訟物の中身から見て本来当事者となるべきでない人が当事者となっている場合には、いくらその人に手続保障を与えても、本来当事者となるべき人が蚊帳の外に置かれていたのでは何にもならない。そこで、当事者適格を訴訟要件として、当事者適格を欠くような人が当事者となっている訴えは最初から却下しようというわけである。

たとえば、原告が、全く別の人（Aさん）が被告に対してもっている債権について訴えを起こして、それを「Aさんに支払え」という請求を立てるとすると、そのような原告は原告適格を欠き、訴えは却下される。この場合、Aさんにとってそのような訴えは余計なお世話である上、仮にその原告が敗訴したときには判決の効果がAさんに及ぶとすると、Aさんの手続保障は害されることになる。他方、Aさんには判決の効果は及ばず、もう一回提訴できるとすると、今度は被告の方がたまったものではない。せっかく頑張って勝訴して「やれやれ」と思っているのに、もう一度提訴されては、また最初から戦わなくてはならないからである。このような不都合を防ぐため、このような場合は最初から訴えを却下してしまうわけである。

　(ⅱ) 他人に代わって当事者適格をもつ場合　　以上のように、他人の権利を主張して訴えを提起したり、他人の義務について別の者を被告として訴えを提起したりしても、そのような訴えは当事者適格を欠き、却下されるのが原則であるが、例外的に、本来の権利義務の帰属主体とは異なる者が当事者となることが認められる場合がある。たとえば、民法は債権者代位という制度を設けて、ある人（A）に対して債権をもつ債権者（B）がAに代わってAが別の人（C）に対してもっている債権を行使することを、一定の条件の下で認めている。典型的には、Aが無資力の状態になり夜逃げしていなくなってしまい、Cに対する債権を行使しないときには、Bがその債権を代わりに回収して、少しでも自己の債権の回収に充てるということを認めたものである。このような場合には、AのCに対する債権について本来Bは原告適格をもたないが、この債権者代位の要件を満たすことによって原告適格が例外的に認められることになるわけである。このように、他人に代わって当事者適格を取得する

場合がいくつか認められている（これを一般に「**訴訟担当**」とよぶ）。

訴訟要件の緩和の必要性

　以上のように、訴えの利益を欠いたり、当事者適格を欠いたりする場合には、当事者に当事者権を保障する基盤を欠くことになる。無駄な訴訟に裁判所は付き合わないというポリシー自体は正しい。しかし、これをあまり強調しすぎると、本来裁判所が扱うべき事件も門前払いしてしまう危険がないとはいえない。特に現代社会においては、どのような事件が無駄であるかとか、どの事件について誰を当事者とすべきかが明確ではないような場面も増えている。そのような場合に、むやみに訴えを却下してしまうと、裁判所に対して社会が期待する役割が十分に果たされないことになりかねない。

　これは、行政訴訟に顕著に見られたことであるが、従来、裁判所は、訴えの利益や原告適格をやや限定的に捉え、その結果却下される訴えが多かった。そのような反省に基づき、最近の行政事件訴訟法の改正では、もう少し緩やかに訴訟要件を解釈するように、新たな規定が設けられている。前にも述べたように、行政改革や規制緩和の中で司法が透明なルールに基づき社会を規制する中核になるべきであるとすれば、訴えの利益や当事者適格をやや緩やかに理解し、広く本案の審理判断に踏み込むべき場合が増えてくることになるし、裁判所もそれに正面から応えるべきものであろう。

> **コラム**
>
> ● 新たな「当事者適格」──住民訴訟、代表訴訟、団体訴訟等
>
> 　本文でも説明したが、最近の世の中の状況の中で、従来裁判所の任務とは考えられていなかった、新たな役割が裁判所に期待されることが増えている。その中で、従来の実体法上の請求権の枠内に収まらず、その結果、民事訴訟法の当事者適格の枠組みから外れた新たな当事者が民事訴訟に登場し、大きな役割を果たしている。
>
> 　たとえば、地方自治法上の住民訴訟や会社法上の株主代表訴訟（株主による責任追及訴訟）は、本来問題となっている地方自治体の首長に対する損害賠償請求権や会社の役員に対する損害賠償請求権が、身内の馴れ合いによって十分に行使されないとの懸念から、住民や株主に原告適格を付与して、その行使を実効的なものにした制度である。これによって、自治体の交際費の無駄遣いや会社の役員の不正行為などがしばしば明るみに出て、自治体首長や会社役員の行動様式を大きく変化させる効果を生じている。また、消費者契約法等に規定された消費者団体のいわゆる団体訴訟も重要なものである。これは、消費者に対する違法な勧誘行為や約款等に対して、適格認定を受けた消費者団体が差止請求権等を行使することを認めるものである。まだ創設されたばかりで提訴された事件は少ないが、将来的には、悪徳業者の行為から消費者の被害を防止するための重要なツールとなることが期待されている。
>
> 　さらに、最近の消費者重視の潮流の中で、消費者の権利を国や地方公共団体が代わって行使する父権訴訟や、アメリカで盛んなクラス・アクションなどの導入が話題になる可能性もあり（⇒第12講も参照）、司法に期待される役割の広がりは、同時に広い意味での当事者適格の広がりを伴っていくであろう。

Bridgebook

第5講
裁判所の担う公的サービスの役割とは

1 当事者主義と職権主義のバランス

　前講で詳細に見たように、当事者は民事訴訟の主役であり、民事訴訟とは当事者に対する手続保障の積み重ねである、ということができる。しかし、他方で、やはり民事訴訟の中心的な登場人物として、**裁判所**、**裁判官**がある。それでは、裁判所はどのような役割を民事訴訟の中で果たすのであろうか。当事者と裁判所の民事訴訟における役割の分担を考えるについて、それが問題となる局面として、訴訟手続の内容面・実質面に関する部分、すなわち、判決の材料となる事実や証拠を誰が収集提出していくのか、という問題と、訴訟手続の形式面・進行面に関する部分、すなわち判決に至る訴訟手続の進行を誰がイニシャティブをもって進めていくのか、という問題とを分けて考えてみる必要がある。前者と後者とでは、問題となる場面や考慮すべき要素が相当に異なり、前者で当事者主導の考え方をとりながら、後者では裁判所主導の考え方をとること（あるいはその逆）も十分にありうるからである。

当事者主義と職権主義

　基本的に、当事者が訴訟手続の中心的な役割を担うものとする考

え方を**当事者主義**、裁判所が訴訟手続の中心的な役割を担うものとする考え方を**職権主義**と呼ぶ。後者は、「裁判所主義」と呼んでもよいものであるが、裁判所が手続の中心となる場合は、当事者が一々申立て等をしなくても、裁判所が職権で様々な行為を行うことから、この名前がある。

当事者主義を徹底する考え方

さて、一方の極として、訴訟手続のすべての面で当事者主義を徹底させる考え方によれば、訴訟手続の内容面では、審判の対象となる請求（訴訟物）は当事者が提示することはもちろん、それを基礎づける事実の主張や証拠も、当事者の提出したものだけが審理判断の対象となる。たとえば、ある証拠がその訴訟の勝敗を左右すると裁判所が考えたとしても、その証拠の取調べを当事者が申請しない限り、裁判所はその証拠調べをすることができず、その証拠なしに判決をしなければならないことになる。また、訴訟手続の進行の面でも、当事者の意思が重視され、たとえば、両当事者が訴訟手続を進行させたくないと考えれば、その合意により訴訟の進行を中止することができるし、また期日も合意により延期変更できる。このようなスキームは、当事者を訴訟手続の主役とする考え方を極端まで徹底したものと評価できよう。

職権主義を徹底する考え方

以上のような考え方の他方の極にあるスキームとして、職権主義を徹底する考え方がある。これによれば、訴訟の内容面についても、裁判所が中心となって活動することになる。請求を基礎づけるような事実があるかどうかについても、裁判所が職権で探知し、また必要な証拠調べについても、当事者からの申請がなくても裁判所が職権で行う。必要があれば、裁判所は事件の現場に赴き、関係者から

積極的に事情を聴取し、真相を解明することを試みる。当事者が一致してある事実を主張しても、その内容が怪しいと裁判所が考えれば、職権で証拠調べを行って真実解明に至る。また、訴訟手続の進行についても、当事者任せにはせず、裁判所が主導して手続を進めていく。期日は裁判所が自ら指定し、当事者が合意しても期日の変更は認めない。そして、期日で行う中身についても、裁判所が職権で定め、当事者はそれに拘束される。このようなスキームにおいては、確かに当事者には最低限の手続保障が与えられるが、もはや当事者は訴訟手続の主役ということはできず、むしろ裁判所による判断の客体としての性格を強くすることになる。

あるべき役割分担の方向性

　以上のような2つの民事訴訟のモデルは、両極端の観念的なものであり、歴史上、そのような極端な形で民事訴訟の現実的な制度が構築されたことはない。ただ、「どちらかと言えば」ということであるが、19世紀のフランスの民事訴訟法典（いわゆるナポレオン法典）や、それに影響を受けたヨーロッパ諸国の民事訴訟は前者の当事者主義の貫徹された手続に近く、逆に、18世紀のプロイセンの民事訴訟法典や20世紀の社会主義国の民事訴訟法は、後者の職権主義の貫徹された手続に近いものであったとされる。しかし、現在、主流となっている考え方は、その両者の中間にあるように思われる。

　現在の民事訴訟について多くの国でとられている考え方は、前述のように、訴訟の内容形成（実質）の面と手続形成（進行）の面とを分けて考えるものである。簡単にいえば、前者の内容面では当事者主義を基軸にして制度を構成し、後者の手続面では職権主義を基軸にして制度を構成するものである。すなわち、訴訟における主題である請求を提示し、また訴訟手続を中途で止めたり、請求をそのま

ま認めたりする自由を当事者に与え(**処分権主義**)、また請求を支える事実についても当事者が主張する事実のみを判断の材料とし、当事者が一致してある事実を主張したときには、裁判所はそれとは異なる事実を認定することはできず、また取り調べられる証拠も当事者が申し出たものに限られることとされる(**弁論主義**)。このように、裁判所が職権で事実を探知したり、職権で証拠調べをしたりすることは許さないとすることで、内容面では当事者主義の立場を堅持する。他方、進行面では、当事者が訴訟手続の進行のリズムを形成することは認めず、裁判所が職権で期日を指定し、その内容を定める。当事者が訴訟手続を中止することに合意したり、期日を変更することに合意したりしても、その合意が裁判所を拘束することはなく、裁判所は、仮に当事者が期日に出てこなくても、期日を開催し、手続を進行させる権限を有する(**職権進行主義**)。

(i) **歴史的経緯**　以上のように、手続の内容面では当事者主義をとりながら、進行面では職権主義を採用するのは、以下のような理由による。まず前者については、民事訴訟で問題となる権利義務関係が私法上のものであり、原則として私的自治の世界の下にあるものであることから、それを審理する過程でも当事者の処分権を尊重することが相当であると考えられ、実際にもその方が合理的な審理が可能となる。これに対し、後者について職権主義によるのは、仮に当事者の自由を認めてしまうと、訴訟手続は遅延し、納税者や他の手続利用者の利益を害するおそれがあるとの考慮による。実際、内容面でも職権主義の色合いの強かった18世紀のプロイセンや20世紀の社会主義国では、実体法の面でも私的自治はあまり重視されず、また、真実発見のための裁判所の負担が過重になったといわれている。他方、進行面でも当事者主義の色合いの強かった19世紀

のフランスなどでは、当事者の策動により手続の遅延が顕著であったとされる。このような歴史的反省を踏まえて、現在では上記のような考え方が主流になってきている。

(ⅱ) 今後の方向性　　ただ、さらに、現代においては上記のような二分法の考え方も、やや反省を迫られていることは否定できない。その中身については、**2**以下で詳細にみるが、手続の内容面でも、当事者主義を基軸としながら裁判所の職権を加味していく方向性が示され、逆に手続の進行面でも職権主義を基軸としながら当事者の意思を加味していく方向性が示されているように見受けられる。

すなわち、裁判所の審理判断の対象となる事実や証拠は、当事者が提出したものに限られることは堅持しながらも、当事者が必要な事実や証拠を提出しない場合に、裁判所が釈明をしてその提出を促すことができ、場合によってはそのような促しをする義務を裁判所が負うと考えられるようになっている。これは、当事者の意思に裁判所が働きかけることで、当事者主義を基軸にしながらも職権主義の要素を一部併用するものと評価できよう。

また、進行面でも、裁判所が訴訟手続の進行を職権で定めていくことは堅持しながらも、手続の振分けに際しては、当事者の意見を聴くことが求められ、場合によっては当事者の同意を得ることが求められる場面も増えている。これは、当事者の意思を裁判所の判断に反映させることで、職権主義を基軸としながらも当事者主義の要素を一部併用するものと評価できよう。

このように、現代の民事訴訟手続は、必ずしも当事者主義・職権主義の二分法に馴染まず、より柔軟な規律の方向に向かっていることに注意を要する。

2　民事訴訟手続における裁判所の役割は何か

　前述のように（⇒1参照）、民事訴訟手続における裁判所の役割は、訴訟の内容形成の面と手続形成の面とで大きく異なることになる。前者は当事者主義の原則が妥当するので、裁判所の役割はあくまで補完的・限定的なものに止まるのに対し、後者は職権主義の原則が妥当するので、裁判所の役割がむしろ中心的なものとなる。しかし、やはり前述のように、そのような二分法は徐々に後退しており、現代の民事訴訟手続の中では、それぞれの面で、裁判所と当事者の役割がどのように合理的に分担されるべきかが大きな関心事となりつつある。

　以下では、そのような問題が顕在化する代表的な例として、内容形成の場面の問題として、争点整理手続を取り上げ、手続形成の場面の問題として、審理計画を取り上げて、裁判所の役割のありようを検討してみる。

争点整理手続と裁判所──実体形成における裁判所の役割

　まず、争点整理の問題である。その手続については後に詳細に見るが（⇒第6講参照）、ここでは、裁判所の役割に限定して概観する。**争点整理**とは、当事者間に争いのある事実が何かを確定し、どの点について集中証拠調べを行うかを定める手続である。その手続の中では、当事者が事実を主張し、証拠を提出して、争いのない事実と争いのある事実とを分別していくことになるが、裁判所がそのような作業にどのように関わるかが問題となる。

　(i)　**釈明権行使の態様**　　中心的な論点となるのが、争点整理における裁判所の**釈明権**の行使の態様である。たとえば、当事者の法律構成が十分でないと裁判所が考える場合には、釈明権を行使して

適切な構成を裁判所が示唆することは可能か、またそのような示唆をすべきか、当事者が必要な証拠を提出してこないときに裁判所がその証拠の提出を示唆することは可能か、また示唆すべきか、といった問題である。とりわけ裁判所の釈明義務を強く認めると、示唆がされると通常それが有利に作用する当事者はその示唆に対応して主張や立証を補充することになるので、職権主義的な色合いが強まることになろう。

(ⅱ) **釈明義務の範囲と歴史的変遷**　このような釈明義務の範囲については、興味深いことに、判例は二転三転している。

まず、明治期以降の裁判所は、釈明権の行使について、余り自覚的な態度を示さず、必ずしも積極的な介入をしていなかったとみられるが、このような態度を最初に変化させたのは、昭和初期の大審院であった。当時の大審院は、同時期のドイツの判例学説の影響なども受け、積極的に釈明権を行使すべきであるとの考えを打ち出し、十分に釈明がされていない下級審の判決を破棄する判断を重ねた。そこには、真実の発見に対する大審院の強いこだわりを見て取ることができるが、その背後には国家主義的な思想、つまり、当事者がどのような態度に出ても裁判所は真実を発見する職責を有する、という信念があったように見受けられる。

このような態度が大きな見直しを迫られたのは、第2次大戦の敗戦によってである。アメリカの占領下で、日本の民事訴訟もアメリカ的な当事者主義が強調され、釈明権の行使は極めて謙抑的にされるべきであるとの考え方が普及した。

しかし、この態度が3度変容したのは、昭和30年代から40年代にかけてであった。そこでは、最高裁判所の判例により再び裁判所の釈明義務が強調されるようになっていった。そして、このような

傾向は、現在でも基本的には維持されているものと考えてよい。

(ⅲ) **釈明義務の範囲と「訴訟観」**　このような最高裁判所の態度変更の原因がどこにあるのかについては、様々な見方がある。

一方では、一種の戦前回帰として、民事訴訟において真実の発見を求めるのは、日本国民の裁判所に対する期待を背景に、そのような国民の真実発見を旨とする「訴訟観」自体は戦前戦後を通して不変で、戦後一時期アメリカの影響下で採用されたゲーム的な訴訟観は、結局国民に浸透しなかったとする見方がありうる。

他方では、戦前の大審院の判断と最高裁判所の判断とは、同じ釈明義務を強調するものではあっても、その拠って立つ基盤を異にするという見方もありうる。すなわち、前者は国家主義的な思潮を前提にしていたのに対し、後者はむしろ福祉主義的・社会国家主義的な思潮を前提にするという捉え方である。後者の考え方は、経済の局面で見られた、国家の介入によって国民の間の不平等を是正し、すべての国民に最小限度の生活を保障するという考え方（社会国家の思想）の「訴訟版」ともいうべきもので、国家の介入によって当事者間に実際に存在する不平等・力の格差を是正し、すべての当事者が本来保障されるべき権利を、裁判所が保障しようとしたという見方である。

このいずれの見方が妥当かについては考え方が分かれようが（⇒本講コラムも参照）、いずれにしても、近時はこのような方向性自体に対する疑問が提示されつつある（その詳細については、⇒**3**参照）。

審理計画と裁判所 —— 手続形成における裁判所の役割

以上が、訴訟の内容形成の局面での、当事者主義が裁判所の積極的な介入により変容を迫られている場面であるが、次に、訴訟の進行面で、今度は職権主義の原則が変容を迫られている局面を概観し

てみよう。

　(i) **時機に後れた攻撃防御方法**　　前に述べたように、訴訟進行において当事者主義を採用すると、訴訟手続について遅延が生じる結果となるというのが、これまでの歴史的な教訓ないし経験別であった。このような訴訟手続の遅延を防止し、裁判所の進行における職権主義を重視する1つの象徴が、時機に後れた攻撃防御方法の提出を却下する裁判所の権限である。つまり、当事者は主張や証拠を自由気ままにいつでも提出できるわけではなく、**適切な時期に提出すべき義務**を負い、その提出が時機に後れた場合は裁判所がそれを却下してよいと考えるものである。

　このような規律は、諸外国において一般に存在するものであるが、どこの国の裁判所もそれを積極的に活用することは少なかった。実際には、かなり時機後れとみられるような主張立証も見逃されて、そのまま審理の対象とされることが多かった。そのような運用の原因は色々と考えられるが、1つの見方は、裁判所が職権で攻撃防御方法を却下できるといっても、実際にはその主張や証拠で訴訟の帰趨が左右されるということであれば、裁判所はやはり却下に慎重にならざるをえないというものである。裁判所（より広く法曹）には真実解明を求める本能があるという見方である。

　(ii) **審理計画**　　このような認識を前提に、なお訴訟進行に規律を与えるため、攻撃防御方法の提出時期についての規制を実効化するためには、どうすればよいか。その1つの答えは、提出時期の設定に当事者の意思を導入するというものであった。つまり、攻撃防御方法の提出期間を定める段階で当事者の意見を聴取し、当事者と協議しながらそれを定め、その代り、当事者がそれを遵守しなければ当事者の責任を問うという考え方である。「その期限を守ると

言ったのに、守れなかったのは、お前が悪い」というわけである。これが裁判所と当事者の協議に基づく**審理計画**という考え方に繋がっていく。

共同進行主義

このように、裁判所は最終的には職権で手続の進行に責任をもつが、その職権を行使する過程で、当事者の意向を聴取し、また当事者と協議をすべきであるという考え方が広がっている。日本の現行民事訴訟法も随所に、裁判所が職権を行使するに際して「当事者の意見を聴いて」しなければならないと定めている。これは、裁判所が職権で手続を進行するといっても独りよがりになってしまうと結局意味がなく、実効性も失われるという認識から、当事者の積極的な協力を調達するために、手続の選択について当事者のコミットメントを調達し、その自発性を引き出していくという戦略が見て取れる。新たな「職権進行主義」の姿がそこに生じてきており、一部では、それはもはや職権進行主義ではなく「共同進行主義」であるという見方もある（このような考え方をさらに進めた私見について、⇒**3**参照）。

3 あるべき裁判所のスタンスはどのようなものか

以上のように、現代の民事訴訟手続においては、職権主義と当事者主義は、かつてのように奇麗な形で二極化しているものでも、すべきものでもない。むしろ職権主義と当事者主義は様々な形で融合化しながら、あるべき当事者と裁判所の役割分担が模索されている。そこで、以下では、私として、あるべき裁判所のスタンスはどのようなものと考えているのかについて語ってみよう。

訴訟の内容形成面――当事者主義の復権

　まず、訴訟の内容形成の面では、前述のように（⇒**2**参照）、裁判所の釈明義務の範囲をどのように捉えるかが1つの大きな問題となる。私もかつては、最高裁判所の示した判例の展開を福祉主義の現れと見て、それを積極的に評価する立場をとっていた。

　(ⅰ) **遠い当事者主義**　しかし、最近は、そのような確信は徐々に揺らいでいる。いくつかの理由があるが、第1に、現在のような運用が続く限り、民事訴訟の本来の姿ともいうべき当事者主義による訴訟運営は永遠に実現しないのではないか、という思いがある。裁判所が争点整理の過程に強く介入すればするほど、当事者の側もそれに依存することになりがちである。裁判所は頼られれば、真実解明に向けた国民や当事者の期待に応えようとして、さらに介入の度合いを強めることになる。これは一種の悪循環であり、このままでは裁判所主導の争点整理が永遠に続き、場合によっては強化されることになりかねない。訴訟の本来の主役は当事者であるとすれば、どこかで現状を変轍する必要がある。

　(ⅱ) **裁判所に対する事件の質量の圧迫**　第2に、民事司法制度を取り巻く現状を前提にすれば、現在のような「手間暇かけた」民事訴訟の運営は早晩維持できなくなると思われる点がある。司法制度改革により法曹人口は急増している。そして、その大部分は弁護士の増加を帰結している。弁護士が増加すれば、訴訟事件が増大するのは諸外国の経験の教えるところであり、他方で弁護士の質も平均的に見れば低下せざるをえない。裁判官の増員には限界があるとすれば、相対的に見れば少数化した裁判官が、質の落ちた弁護士の提起する、急増する事件に対応しなければならないのである。つまり、事件一件当たりの手間は増えるのに、事件数全体は大きく増加

するわけである。いずれ制度に限界が生じ、裁判所はパンクせざるをえないのではなかろうか。

(ⅲ) 新しい訴訟像　　以上のように考えれば、制度として、より当事者主義的な方向への移行を目指し、早い段階から対応を始めるべきではなかろうか。このまま限界まで裁判所主導を維持して、それがついに維持しきれなくなって裁判所が手を引くことになると、ハードクラッシュが生じるおそれがある。その結果、明治以来営々として築いてきた、裁判所ないし民事司法に対する国民の信頼が崩壊することを何よりも私は恐れる。信頼を築くには長年月を要するが、それを突き崩すにはほとんど一瞬で足りる。そのことを考えれば、今の段階から当事者主義の方向に向けた移行準備を開始すべきであろう。もちろんそれには様々な制度的前提の整備が必要である。弁護士強制主義への転換、弁護士過疎地域の解消、弁護士強制保険の導入、法律扶助のさらなる充実などが検討される必要がある。

確かに、新たな訴訟像は、国民の真実解明への強い期待にはそぐわないものであるかもしれない。ただ、裁判員制度の導入による刑事裁判への国民の関与によって、国民の司法に対する期待や見方も徐々に変わっていく可能性があろう。また、国民の法教育も重要な課題となるであろう。そのような努力の中で、当事者主義の復権に向けた旗印を明確に立てていく必要があるのではないか。

訴訟の手続形成面 ── 審理契約論と要因規範論

次に、訴訟の進行面についても、前述のように、職権主義の修正の方向が生じている。私はこのような方向は基本的に妥当なものであり、さらにその方向を進めていくべきものと考えている。その具体的な展開として、訴訟手続の進行面での裁判所と当事者の役割分担のモデルとして、以下のようなイメージをもっている。

(i) 「審理契約」とは　　第1次的には、訴訟進行に当事者が十分コミットし、具体的事件に応じた当事者のニーズを汲み取るため、裁判所と両当事者との間で審理の進め方についての合意を調達し、それに基づき訴訟手続を進行させるべきものとする考え方である。そのような合意を「審理契約」と呼ぶ。たとえば、いつまでに争点整理を終え、いつまでに証拠調べを終えて、いつ頃判決を言い渡すかについて、つまり、前に述べた審理計画について、あらかじめ裁判所と両当事者が協議し、合意をしていくわけである。そのようにして審理過程について締結された審理契約に基づき訴訟手続が進められ、もし当事者の一方がそれに違反したときは(たとえば、審理契約で合意された期間の後に新たな主張を提出したようなときは)、制裁を受ける(そのような主張が却下される)。もちろん裁判所も審理契約に拘束されることになる。

(ii) 審理契約の意義　　このような審理契約の構想は、後述のように職権進行主義を前提にしながらも、最大限そこに当事者の意向を反映することを目的にする。確かに訴訟進行における当事者主義は、合理的な訴訟運営を困難にし、訴訟を遅延させるおそれが大きい。しかし、職権主義だけで訴訟遅延を防止することもまた困難であり、当事者の自発的な協力が不可欠である。そのためには、具体的な事件で、当事者のニーズに応じた手続を構成していく必要があり、それによって初めて当事者の手続進行に対する積極的協力が得られるものと考えられる。これは、従来既成品であった訴訟手続の中にオーダーメイドの感覚を導入し、公的サービスとしての民事訴訟を多様化していこうとする発想である。ただ、この審理契約論のポイントは、契約の締結主体に裁判所を含んでいる点にあり、裁判所は当然に公益の守護者として、公益に反するような審理契約を締

結することは認められない。その結果、審理契約は、当事者のニーズに即しながらも、公益を害さないものとして措定しうることになる。

(ⅲ) **最後の砦としての職権進行主義 —— 手続裁量の要請**　以上のように、審理契約が締結できればそれが望ましいが、これは「契約」である以上、すべての主体の合意が必要である。しかし、そのような合意が常に調達できる保障はどこにもない。そこで、合意が得られなかった場合に、どのように手続を進行するかを常に考えておく必要があるが、その場合には、裁判所の職権によらざるをえない。この局面においては、やはり職権進行主義が「最後の砦」として機能する必要があろう。

　そして、そこでは、事件の多様性に鑑みれば、裁判所の裁量によって手続の進行を定めていかざるをえないと考えられる。このような訴訟進行面における裁判所の裁量のことを「**手続裁量**」と呼ぶ。つまり、審理契約が成立しない局面では、手続裁量に沿った職権進行主義が妥当するというのが私の見方である。ただ、この手続裁量は決して無制約なものではありえない。そこには、裁量に対する一定の制約要素があり、普遍的なルールが必要とされる。それが手続法の役割である。

(ⅳ) **「要因規範」の必要性**　ただ、このようなルールのあり方を考えるについても、やはり訴訟手続及び具体的事件の多様性を考慮しなければならない。個々の場面において裁判所の発揮する裁量を統制するためには、やはり個別事件のニーズを受け止めることができる緩やかな規範が必要なのである。

　私は、このような規範を（通常の要件と効果を1対1で対応させる要件効果型規範に対して）「**要因規範**」と呼んでいる。要因規範とは、裁判

所がある判断をする際に、考慮すべき要因を列挙し、その重みづけに関する一定のルールを設定して、裁判所の裁量判断を統制しようとする規範類型である。これは、一定の要件事実の認定から当然に一定の効果が導かれる硬直的なルールを否定しながら、すべてを裁判所の自由裁量に委ねるものでもない中間的な裁量統制規範ということができる。そして、その中で当事者の意向は1つの（重要な）要因として顧慮されるべきことになる。

このような柔軟なルールに基づき、訴訟進行における職権主義を統制し、当事者の意見を反映させていくことは、今後の民事訴訟法の1つのあり方を示すものといえよう。

> コラム
>
> ● **裁判所の釈明義務の範囲――国家観の変遷との対応**
>
> 　本文でも記載したように、裁判所の釈明義務の範囲は、その国や論者の民事訴訟観を反映するとともに、その深部において国家観をも反映するものである。たとえば、比較的**自由主義的な国家観**を有するアメリカやイギリスなどでは裁判所の釈明は限定的であり、当事者主義が貫徹されているとされるし、**国家の介入を広く容認**する土壌を有するドイツやフランスでは裁判所の釈明が重視される傾向にある（もちろんこれは英米法と大陸法の差異を前提にしている部分も大きい）。
>
> 　その中で、特に日本にも大きな影響を与えたドイツ法を見てみると、ドイツでは、19世紀から20世紀初めにかけて、フランスのナポレオン法典の影響を受けた当事者主義的な民事訴訟が行われていた。ところが、第1次大戦の敗戦後、1924（大正13）年の民事訴訟法の改正以降、実務でも学説でも裁判所の釈明義務が強く認められるようになる。
>
> 　その背景には、社会国家を標榜したワイマール体制があると考えられる。このような傾向はその後のナチス体制下でも強化

されたが、基盤となっているのは福祉国家の考え方であるように思われる。すなわち、十分な資力をもたない当事者についても、正当な裁判を受けさせるため、国家＝裁判所が介入すべきである、という見方である。第2次大戦後このような釈明の強調は影を潜めていたが、再び1970年代以降、民事訴訟法の改正などその傾向が強まっていった。その背景にも、社会民主主義の思潮の浸透があったように思われる。ドイツでは現在でも依然としてこのような方向性が強いように見受けられる。

　ただ、このような傾向は、いわゆるグローバル経済の下での**自由主義的傾向の強化**の中で、見直しが進められる方向にあるように思われる。それは、本文でも書いたように、直接には法曹人口の増加（これ自体自由主義的政策の帰結であるが）の1つの結果であるが、そのさらなる背景には、このような国家観の変遷が認められるように思われる。一見すると、そのような世界の大きな動向とは無縁と思われる民事訴訟法の技術的な規定の中にも、「世の流れ」は間違いなく及んでいるのである。

Bridgebook

第 6 講
当事者の主張と争点の整理

1 当事者の主張立証活動の基本的原則——弁論主義

　原告が訴状において請求を立てる。たとえば、被告に対する１億円の貸金返還請求権が訴訟物とされるとする。被告の対応としては、このような請求を認めてしまうか、争うかということになる。被告が原告の請求を認めると**請求の認諾**となり、原告はそれ以上その請求権の存在を理由づける必要はなく、裁判所書記官が請求認諾の調書を作成して、原告勝訴の判決と同じ効力が生じることになる。

　問題は、被告が原告の請求を争ったときである（実際には、被告が請求を認諾することは稀である）。この場合は、その**請求を基礎づける事実**が問題となる。１億円の貸金返還請求訴訟であれば、〇月〇日に原告が被告との間で１年後に10％の利息を付けて返還することを約束して１億円の現金を交付した、という事実である。このような事実が認められれば、民法587条により、消費貸借契約の成立という効果が発生することになり、約束した期限の到来により、債務者である被告は原告に対し１億円及び所定の利息の支払義務を負うことになる。そこで、訴訟の中では、上記のような契約締結や現金交付の事実の存否が問題となり、審理の対象となるわけである。

事実審理の進め方

　この場合に、そのような事実の審理をどのように進めていくかにつき、異なる考え方がある。

　(i) **職権探知主義**　1つの考え方は、たとえば、原告がそのような事実を訴状に書いておらず、口頭弁論で主張しない場合であっても、訴状に契約書が添付されて、契約の存在が認定できれば、裁判所はその事実を認定してもよいというものである。また、原告が契約締結の事実を主張した場合は、被告がその点を認めたとしても、裁判所は本当にその事実があるのかを証拠に基づいて判断しなければならないという考え方である。さらには、証拠についても、裁判所は当事者からの申出がなくても職権で証拠調べをすることができるものと考える。

　このような考え方は、当事者が訴訟でどのような態度をとるかにかかわらず、裁判所は証拠に基づき事案の真相を解明しなければならない、という理念を背景としており、「**職権探知主義**」と呼ばれるものである。

　(ii) **弁論主義**　それとは逆の考え方として、原告が訴状等で契約締結の事実を主張しない限り、たとえ証拠上その事実が認められるとしても、裁判所はその事実を認定することはできないとするものがある。また、原告が契約締結の事実を主張し、被告がその事実の存在を認めれば、もはや証拠調べの必要はなく、また契約締結を否定する事実が仮に証拠上認められるとしても、裁判所は当事者の一致した主張に基づき契約締結の事実を認定しなければならないという考え方である。さらに、証拠についても、当事者の申出に基づいてしか取り調べることができず、裁判所が職権で証拠調べをすることはできないと考える。

これが「**弁論主義**」という考え方である。民事訴訟法は、原則としてこの弁論主義に立脚している。

「弁論主義」を基礎とする理由

さて、それではなぜ民事訴訟法は弁論主義を基礎としているのであろうか。これについてはいくつかの説がある。

（ⅰ）**裁判所の負担軽減**　1つの考え方は、すべてを裁判所の責任とする職権探知主義は、当事者の無責任を招く一方、裁判所の責任を大変重いものとし、その結果として、本来事実に最も近い位置にある当事者から必要な資料が十分に提供されず、裁判所による真相解明がかえって困難になることから、**当事者に事案解明の責任**を負わせて、真実発見に資するため、弁論主義が採用されたという見方である（**手段説**と呼ばれる）。

これは確かに歴史的に見れば一定の合理性を有する主張のようである。かつては、職権探知を民事訴訟の基礎とする国もあったようであるが（18世紀のドイツが例に挙げられるが、最近の社会主義国でもそのような考え方が一般的であった）、そのような国では裁判所の負担が重くなってしまい、そのわりには十分な真実解明が図られていなかったということがいわれる。

ただ、現代国家においても同様の理由が妥当するかについてはやや疑問もある。何といっても訴訟の勝敗に直接の利害をもっているのは当事者であるわけであり、仮に職権探知にしたからといって、真相解明がされずに敗訴する当事者が自己の有する有利な資料を提出しないという事態はあまり想定できない。また、特に真実の解明が重要であると考えられる訴訟の類型（身分関係に関する人事訴訟など）では、現在でも職権探知主義がとられている。そうすると、全体の法制度としても、職権探知主義はやはり真相解明に適うとみら

れていると言わざるをえない。

(ⅱ) **私的自治の原則**　　したがって、弁論主義を根拠づける理由は、もう少し理念的なものとして、民事訴訟が対象とする権利関係は私法上のものであり、当事者の自由な処分が認められる（私的自治の原則が妥当する）ものであるので、その点をめぐって争われる訴訟の中でも、どのような事実やどのような証拠を提出してその権利を認めてもらうかも、当事者の自由な処分に委ねられるべきであると考えられる点にあることになろう。前記のように、真実発見という手段のために弁論主義が採用されたものではなく、民事訴訟の本質に根ざしたものであるとする見方である（**本質説**と呼ばれる）。言い換えれば、自由な処分（「権利を捨てる自由」）が認められる権利関係について、どのような事実を提出するか、どのような証拠を提出するかの判断も当事者に委ねられており、「事実を隠す自由」、「証拠を隠す自由」が当事者に認められてしかるべきであると見るわけである。

　たとえば、原告の勝訴に繋がる文書が原告の手元にあるとして、ただその文書を裁判所に提出し、公になると他の面で原告の不利益になる（原告の評判が落ちるとか、税務署に見つけられて税金を課されるとか）、というような場合に、原告がその証拠以外で勝負する（その証拠がないために負けて権利を失ってもやむをえない）とする判断をした場合、それを尊重しようというものである。その結果、そのような処分権が認められる場合には弁論主義が妥当し、そうではない場合（人事訴訟などの場合）には当事者の事実を隠す自由よりも真実発見の利益（公益）の方が優り、職権探知主義が採用されることになる。

現実の姿

　以上のように、弁論主義は民事訴訟法の基本的な原則であるとさ

れる。ただ、その実質は相当に揺らいでいる。この点は、第5講でも詳しく見たところであるが、弁論主義を補充するものとして**釈明義務**の制度があり、それが広範に認められているからである。そのため、現実の民事訴訟は、裁判所が事件の内容に相当深くコミットし、当事者の主張立証活動に介入する形になっている。たとえば、当事者がある証拠を提出していない場合であっても、裁判所がそれが真相解明に重要であると考えれば、その提出を釈明することができ、一定の場合には釈明しなければならないとされるのである。

ただ、それでも理論的に見れば、依然として弁論主義は妥当している。たとえ釈明されても、当事者はそれを提出しない自由を保持しており、当事者からの提出がない限り、裁判所はその資料を判断の材料とすることはできないからである。その意味で、事実や証拠を「隠す自由」の根幹は維持されていることになる。

弁論主義の根幹と釈明による補充

このように見てくると、弁論主義の根幹的部分は、当事者が自己の勝敗を犠牲にしても守るべき情報をもっているような場合に働くものであり、その場面は相当に限定的であると考えられる。実際には、当事者の大半は「その訴訟に勝てるのであれば何でも犠牲にしてよい」と考えているものであろう。したがって、裁判所から釈明を受ければ、当然喜んでそのような主張や証拠を提出してくることになる。その意味で、たとえば、裁判所が当事者の提出していない事実を判決の基礎としてしまったという場合、確かに直接的には弁論主義違反の問題になるが、実際には、裁判所が適切に釈明さえしておけば当事者から当然そのような提出があったと考えられる場合が普通であり、そうだとすれば問題は釈明の点に帰着することが多いと考えられよう。

以上のように、民事訴訟法を理解するためには弁論主義の理解が不可欠であるが、訴訟の実際を理解するためには、それが実際に機能する争点整理の場面での具体的な裁判所・当事者の関係・行動（とりわけ裁判所による釈明）を検討することが不可欠である。

2　争点整理とは何か

　以上のように、民事訴訟の基本的構造として、弁論主義により、当事者の主張がある事実のみが判決の基礎となり、また両当事者間に争いのある事実についてのみ証拠調べで事実を認定し、争いのない事実はそのまま確定する。したがって、審理を進めるに際しては、どの事実について主張があり、また、どの事実に争いがあり、どの事実に争いがないかを確定、主張がされ、かつ、争いがある事実をどの証拠で立証していくかを決める作業がきわめて重要なものとなる。このような作業を「**争点整理**」の手続と呼ぶ。

　争点整理は、民事訴訟の理論的な基礎をなすのみならず、実際の審理の充実・促進についても重要な役割を担うものである。その結果として、争点整理の手続をどのように構成するか、1996（平成8）年の現行民事訴訟法の制定の際にも最大の議論となったところである（この点については、⇒**3**参照）。

否認と抗弁

　それでは、もう少し具体的にこの争点整理という作業がどのようなものであるかについて見てみよう。たとえば、前に見た貸金返還請求事件（⇒**1**参照）を例にとってみると、原告が貸金契約の締結の事実を訴状で主張したとする。被告としては、①そもそもそのお金は借りたのではなく、自分の事業に出資してもらったものであり、

事業が失敗して利益が出なかったのであるから、返す必要はないという主張、②仮にそれが借りたものであったとしても、もう15年前の借金であり、時効になっているという主張をしたいとする。このうち、①は、原告が主張している返還約束の存在を否定する主張（原告の主張と矛盾する主張）ということになる（これを「否認」という）。ただ、被告は単に原告の主張が違う（単純否認）というだけではなく、その理由を述べている。このような否認を「積極否認」（理由付否認）という。これに対し、②の主張は、原告の主張を前提としながら、原告が主張する法的な効果（返還義務）の発生を阻害する事実の主張ということになる。すなわち、仮に被告の主張する事実（消費貸借契約の締結から15年の経過という事実）が認められれば、民法167条1項の適用により、原告の債権は消滅していることになるからである。このように、相手方の事実主張と両立しながら、相手方主張の法的効果の発生を障害するような事実の主張を「抗弁」と呼ぶ。

争点整理の実質

さて、次に原告は、被告の①の主張に対して、被告は事業が失敗したので返す必要はないというが、実際には事業の利益が出ていない間も最初は毎月返済を続けていたという事実を主張するとする。このような原告・被告の主張によって、本件の実質的な争点が、原告の拠出した資金の性質が被告の事業の状態にかかわらず返済すべきものであったのか、被告が利益を上げる限りで返還すれば足りるものであったのかにあるという点が明らかになってくる。これがまさに争点の整理という作業の実質である。

また、原告は、被告の②の主張については、今から7年前（資金拠出から8年後）まで、被告は、利息と元本の一部に相当する金銭の弁済をしており、これは債務の存在を承認していたものであり、時

効の中断事由（民法147条3号）にあたるので、未だ消滅時効は完成していないと主張するとする。これは、やはり被告の主張した抗弁事実（消滅時効期間の経過の主張）と両立しながら、被告の主張する法的効果（債権の時効消滅の効果）の発生を妨げる事実であり、被告の「抗弁」に対する原告の「**再抗弁**」となる。この原告の再抗弁の主張に対し、被告は、それは、前述のように、利益配当の趣旨であり、原告の主張するような、貸金債権の存在を承認した趣旨ではないと主張すれば、それは、原告の主張する「承認」の事実を否認するものであり、その点が本件の争点ということになる。

　以上のように、この争点整理という作業は、当事者間の事実の主張を突き合わせ、それを法的に構成すれば、どのような事実がその訴訟の帰趨を決するか、どの点の主張の食い違いが重要であるかを確定していく作業ということになる。

証拠整理

　そして、重要とされる主張の食い違いについて、どのような**証拠**でその点を明らかにするのかも争点整理の中で詰められていくことになる（「証拠整理」ともいわれる）。たとえば、原告が被告に交付した金銭の趣旨が争点となるとすれば、その点について、**書証**（契約書等）は作成されていないので、原告本人・被告**本人を尋問**するほか（**本人尋問**）、その場に立ち会っていた原告・被告共通の友人Aを**証人として尋問**して（**証人尋問**）、その点を明らかにするといったことである。もちろん、前述のように、証拠の提出についても弁論主義が適用になるので、Aを証人とする場合も、裁判所が勝手に採用することはできず、Aの証言が自分の有利に働くと考える原告または被告が、その証拠調べを申請する必要があることになる。

争点整理と弁論主義

 以上のような争点整理は、弁論主義を基礎とする民事訴訟においては必然的な審理のプロセスということができる。職権探知主義の訴訟であれば、論理的には、裁判官が自分の頭の中で事件の全体像をイメージし、それに沿った形で証拠調べをしていけばそれで足りるということにもなるが、弁論主義では、当事者が主張しない限り、その事実は審理の俎上に上らないので、両当事者の主張を突き合わせて、それを法的に整理するという作業が必要不可欠になるわけである。

審理効率化のための争点整理

 そして、この争点整理という作業は、民事訴訟の理論から必然的に導かれるものであると同時に、訴訟手続を円滑に効率的に進めるためにも必要不可欠なものである。後述するように（⇒**3**参照）、従来の日本の民事訴訟はこの点が必ずしも十分でなかったために、手続全体が非効率的なものになっていた側面が否定し難い。

 それでは、争点整理がされなければ、なぜ効率的な審理ができないのであろうか。争点整理が不十分なまま当事者や証人の尋問が行われるとすると、尋問をする当事者の側も、また裁判所の側も、どの点がその訴訟で重要な事実であるのかを認識していないため、必然的に質問は総花的なものにならざるをえない。事件に少しでも関係しそうな話は、全部聞くということになる。そうすると、尋問時間は長くなるし、その中で様々なことが陳述・証言される結果になる。そこで色々なことが出てくると、弁論主義の関係があるので、その点がもし判決の結論を左右する可能性のあるようなものであるとすれば、口頭弁論で主張しておかないと判決では取り上げてもらえないので、当事者もその色々なことを主張していくことになる。

そうすると、相手方もまたそれに対する反論を立てていくことになる。それを前提に、また別の人を尋問すると、今度はまた違う事実が出てきて、同じようなことが繰り返される。その結果、その訴訟に出てくる事実は多数に及び、その関係も必ずしも明確ではなくなる。最終的には、判決をする段階で裁判所は事実を整理するわけであるが、当事者にとっては思いがけない事実が重要なものと位置づけられ、不意打ち的な判決がされる結果になりかねない。そうすると、納得のいかない当事者はその判決に対して上訴をして、さらに審理が続いていくことになる。

以上はやや誇張した部分があるが、争点整理が十分でない状況で審理が行われていた旧法の下で、失敗した手続の1つの典型的なパターンである。このように、民事訴訟の審理を成功させる1つの重要なキーポイントが争点整理にあるという点は、現在の一般的なコンセンサスとなっている。

3 争点整理の手続としてどのようなものがあるか

以上のように、旧法下で証拠調べ（証人尋問・当事者尋問）が散漫に進められていた最大の原因は、争点整理が不十分なまま証拠調べに入ってしまう運用にあった。しかし、争点整理の充実については、これまでも努力が全くされてこなかったわけではない。

争点整理制度の歴史

(i) **1926年改正**　既に、1926(昭和2)年の民事訴訟法の改正では準備手続という制度が導入され、口頭弁論に入る前には必ず争点整理の手続を経るものとされていた。これは立法当初は比較的励行されていたというが、実務は徐々にこれを実施しなくなり、立法も

それを追認して準備手続を任意化したため、結局ほとんど行われないようになったとされる。

(ii) **戦後の改正** また、戦後はアメリカ法の影響の下で、**準備的口頭弁論**という制度が新たに導入された。これは、審理において**争点整理と証拠調べを分離**することに加え、主体の面でも争点整理のみを担当する裁判部（新件部）を創設し、それと証拠調べをして判決を行う裁判部とを分離したものであった。しかし、これも完全な失敗に終わったとされる。

(iii) **従来の失敗の原因** これらの失敗の原因としては様々な点が指摘されている。たとえば、準備手続については、そこで主張しておかないと、後の口頭弁論ではもう言えなくなってしまうため（**失権効**）、結果としてかえって不要な主張が多くなされて収拾がつかなくなったことや、準備的口頭弁論では、争点整理を担当する部と証拠調べ等を担当する部の連絡が不十分であったことから争点整理をやり直すなど、かえって不効率になる場合もあったことなどである。しかし、おそらく最大の問題としては、これらの改革が必ずしも実務の意向を反映したものではなく、外国法（準備手続ではドイツ法、準備的口頭弁論ではアメリカ法）を参考にした「上からの改革」であったという点が挙げられよう。

(iv) **弁論兼和解** このような失敗の結果、戦後長い間、民事訴訟の手続は、争点が十分絞りこまれないまま証拠調べが行われ、結果として遅延し、また散漫化した状態にあった。しかし、昭和50年代後半になって、このような状況に多くの心ある実務家が危機感を抱くようになった。当時、民事訴訟の新受事件数は減少傾向にあり、彼らの眼には、これは民事訴訟というものが国民から見放され、利用されなくなっていくものと映ったのである。民事訴訟を生き残

らせるためには、抜本的な改革が必要であるとの真摯な思いを裁判所・弁護士会の双方がもつに至る（⇒本講コラム参照）。

　そのような潮流の中で、新たな争点整理の試みとして実務上行われるようになったのが、いわゆる「**弁論兼和解**」（あるいは「和解兼弁論」）の手続である。これは、和解手続を行いながら、主張の整理や書証の取調べなど弁論的な事柄をも併せて行う手続として、法廷以外の場所で書記官の立会いなしに実施されたものである。和解と弁論を融通無碍に使い分けられる柔軟さと、法廷や書記官の都合にかかわらず随時行える便利さとが評価され、瞬くうちに実務を席捲した。そして、このような手続に対しては、学界等からも比較的肯定的な評価が下され、昭和60年代以降に提案された多くの実務改善策もこの弁論兼和解を何らかの形で取り入れていた。しかし、この手続には、法律上の根拠がないことに加えて、裁判官と当事者が交互に面接する形式で進められる和解手続と一体で行われるため、弁論の場面でも当事者の立会いが保障されないおそれがあることや、法廷外で行われるため、憲法82条が保障する審理の公開が担保されないことなど、いくつかの批判もなされていた。

近年の改革──3種類の新たな争点整理手続

　このような状況下で民事訴訟法の抜本的な改正作業が行われることになったが、その中心的な課題の1つとして、争点整理の問題が取り上げられた。1998(平成10)年施行の現行法は、民事訴訟の充実促進を主な目的とするものであるが、その1つの柱が争点整理手続の整備充実であった。適切な争点整理なくして、充実した迅速な民事訴訟の運営は不可能であると認識されたものである。そこで、民事訴訟法は、従来の争点整理手続を抜本的に改革し、**3種類の新たな争点整理手続**を設けることとした（このほか、審理の進め方について話

し合う期日として、**進行協議期日**を新設した)。

(ⅰ) **弁論準備手続**　まず、1926(昭和2)年改正で導入されていた準備手続について、実務において発展していた弁論兼和解の手続を吸収する形で充実・強化し、**弁論準備手続**という手続を新設した。これは、弁論兼和解同様、非公開ではあるが(ただ、当事者の求める者は原則として傍聴させなければならない)、両当事者の対席を必ず保障した形で行う争点整理手続である。法廷ではなく、準備室といった通常の会議室で行われる。これによって、裁判官と当事者・代理人が膝を突き合わせて、率直に争点についての協議を行うことができるものとされる。

　合議体の場合は、そのうち一部の裁判官が受命裁判官として手続を担当することができ、担当裁判官は、攻撃防御方法の提出期限の裁定、書証の取調べなど様々な権限を行使して、争点・証拠を整理していく。当事者・代理人の一方が遠隔地にいるなどの理由で出頭できないときは、電話会議システムによって争点整理を進めることも可能である。弁論準備手続が終結すると、整理された争点の内容が確認され、その後の口頭弁論で新たな攻撃防御方法を当事者が提出する場合には、当事者は相手方の求めに応じて、弁論準備手続でそれを提出できなかった理由を説明しなければならない。

(ⅱ) **準備的口頭弁論**　次に、戦後の改正で導入されていた準備的口頭弁論も強化される形で維持された。これは口頭弁論の一種ではあるが、争点整理を主な目的とするもので、その開始・終了が手続上明確にされることになった。そして、手続の終了に際しては、弁論準備手続と同様の効果が付与されている。これは、いわば**公開の法廷で行われる弁論準備手続**ともいえるもので、法廷といっても**ラウンドテーブル法廷**という通常の会議室と同じ仕様の法廷が主に使

われることが想定されている。口頭弁論の一種であるので、弁論準備とは異なり、公開で行われ、また証人尋問などの証拠調べも行うことができる点に特徴がある。したがって、大規模で社会的に注目されている事件や争点整理の前提として証人尋問等を行う必要がある事件などで利用される。

(iii) **書面による準備手続**　最後に、当事者が裁判所に出頭しないで、書面の交換や**電話会議システム**の利用により行う争点整理手続として、書面による準備手続というものが新設された。これはドイツの同様の制度を参考にしたものであるが、従来の実務にはない全く新規の手続で、裁判長により行われる。裁判所への出頭を困難とする事情が両当事者にあることなどが要件とされ、準備書面の交換、裁判所の期日外釈明によって手続が進められ、節目で電話会議による協議を行って争点を詰めていく（手続終了の効果は、弁論準備手続等と同様である）。両当事者・代理人が裁判所から遠隔地にいる場合には、期日の 30 分のために数時間をかけて裁判所に出頭するという不便をかけずに、情報伝達技術の発展を活用して争点整理の実を確保しようとするものである。

改革の成果と課題

このように、現行民事訴訟法は多様な争点整理のメニューを用意した。事件の具体的な内容や当事者の意向に配慮しながら、裁判所によって適切な争点整理手続が選択されることが期待されている。実際には、大多数の事件で、弁論準備手続による争点整理が選択されているが、大規模な事件では準備的口頭弁論による争点整理が行われたり、控訴審で双方の代理人が遠隔地にいる場合には書面による準備手続が行われたりすることもある。争点整理手続は大きな成果を上げていることは間違いなく、旧法下でしばしば見られた行き

当たりばったりの審理(「漂流型審理」)がされることは確かに減少している。

 ただ、現行法創設時に構想されたように、事件の真の争点を炙り出すような争点整理が一般的であるかについてはなお疑問もある。書面の交換だけに終わる弁論準備期日もないわけではないようである。「改革の熱気」は永続するものではないが、形としての法律が残っても、その精神が形骸化していけば、マニュアルとしての争点整理手続だけが残ることになりかねない。改革の炎を次世代に継承していくことは、民事訴訟の充実活性化のために今重要なことである。

3 争点整理の手続としてどのようなものがあるか

コラム

● 民事訴訟審理改革運動

　昭和50年代の末から、弁護士会と裁判所の双方で、審理の改革を目指した運動が行われた。それには、本文でも見たように、実務家の間に、このままでは民事訴訟がダメになってしまうという危機感があったことが大きかったが、それとともに、**民事保全法**の制定も重要な要素であったように思われる。1989（平成元）年に民事保全法が制定されたが、その過程で、保全手続を充実させるために、様々な実務的工夫がされたところである。民事保全というのは、訴訟を凝縮した手続であるので、そのような工夫のかなりの部分が訴訟でも応用可能なものであったわけである。

　弁護士会では、東京三会や大阪弁護士会を中心に、審理改革の実務的な提案が毎月のように実務雑誌に掲載された。裁判所の方も、様々な研究報告などで審理改善の提案がされ、多くの裁判官が実施に移した。このような大きなうねりのような「下からの改革」は、日本の民事訴訟の歴史で稀有のことであったように思われる。特に弁護士の観点から見れば、民事訴訟の分野にエネルギーを注ぐというのは、倒産法・独禁法・知的財産法などと比較すれば分かるように、直ちにその業務に裨益する（端的に言えば「儲かる」）ものではない。それだけに大変貴重な運動であったと思われる。

　現在、裁判所・弁護士会の主な関心は、どちらかといえば、裁判員制度の導入・定着に向けて刑事裁判の方に向かっていると思われる。ただ、民事裁判の現状にも問題がないわけでは決してない。改革を持続することは、それを実現するのと同じくらい困難なことである。今民事訴訟に求められているのは、そのような地道な努力なのであろう。

Bridgebook

第7講
事実認定と証拠

1 事実の認定はどのように行われるか

　前講で見たように、争点整理が行われ、その訴訟手続で争点になる事実関係がどの点にあるかが明らかになると、裁判所が判決をするためには、どちらの主張が正しいのかを明らかにする作業が必要になる。大昔の裁判では、当事者の言い分が食い違ったときにそれを解決する方法として、当事者間で決闘をして勝った方の言い分を正しいとするとか、当事者の一方が熱湯に手を入れて、火傷をしなければその者の言い分を正しいとするといった裁判が行われていたこともあるようである。しかし、近代裁判では、どちらの主張が正しいかは、その主張する事実が真実に適っているかどうかを証拠に基づき判断するという方法が基本である。つまり、**証拠裁判主義の原則**である。

証拠裁判主義と証拠収集

　この「証拠による裁判」というのは、民事訴訟でも刑事訴訟でも変わりがない大原則であるが、その実際の現れ方は相当変わってくる。刑事訴訟では、証拠を収集する専門的な組織である検察（及びその指示の下で活動する警察）があり、それが強制的な権力を行使して

証拠を収集する。それに対し、民事訴訟では、両当事者がそれぞれ自己に有利な証拠を収集し、それを裁判所に提出するわけであるが、当事者の証拠収集の権限にも限界がある。注意しなければいけないのは、前に述べた弁論主義の結果として、裁判所が自分の力で職権で証拠を収集してくれるわけではなく、（一定の場合に証拠の提出命令といった形で裁判所が協力してくれる場合はあるものの）それは基本的に当事者の自己責任に委ねられた作業であるという点である。「訴えを起こせば裁判所が何とかして真相を解明してくれるだろう」という「遠山の金さん」的訴訟観は民事訴訟では通用しないのである。

したがって、事件を受任した弁護士がまず行うべき作業は、その事件についてどのような証拠があり、訴訟になった場合にそれを裁判所に提出することができるか、どのように提出するかを確認するということである。この点が十分に行われていないと、訴訟が始まった後に、思わぬ逆転を食らう結果になったりする。

証拠の収集方法

(i) **依頼者・証人などへの質問**　多くの証拠は当事者の手元にあると思われるので、まず事件に関連すると思われる資料を依頼者に持参してもらい、話を聴きながら「このような書類はありませんか」といった質問をしながらさらに証拠を集めていく。また、証人として出頭してもらう必要がある人のリストを作成し、その協力を依頼する。加えて、その事件の真実解明に専門的な知識が不可欠である場合、たとえば、医療事故に関する事件や欠陥建築物に関する事件などでは、協力してくれる専門家を見つけ出し、その意見をあらかじめ聴いておくことも重要である。

(ii) **当事者照会**　以上のように、弁護士は、自分の依頼者の手持ちの証拠を確実に把握することが重要であるが、その訴訟におい

て必要不可欠な資料が相手方当事者や第三者の手元にあるということも決して稀ではない。そのような場合に、その証拠をどのように収集するか、またそもそもその前提として、どのような証拠がどこにあるかを探知することが重要となる。

そのような目的のために利用できる制度として、相手方当事者に対して、主張立証の準備のために必要な事実について質問し、その回答を求める**当事者照会**の手続がある。たとえば、自動車事故で、運転していた相手方の過失を立証するため、助手席に座っていた人を証人としたいが、それが誰だか分からないというようなときに、相手方にその者の住所・氏名を照会することができる。照会を受けた相手方は原則としてそれに回答する義務を負うものとされている。ただ、義務違反に対する制裁の規定はなく、その実効性には疑問も呈されており、活発に利用されているとは言いがたい。

(ⅲ) **調査嘱託** また、法人等に対して、必要な調査を求める**調査嘱託**の手続もある。たとえば、ある地域のある日時の天候が争点となったような場合に、気象庁に対してその調査を嘱託するような形で利用される。

(ⅳ) **文書送付嘱託・文書提出命令** さらに、文書の証拠が必要であるが、それを相手方当事者や第三者が所持しているようなときに、その送付を求める**文書送付嘱託**がある。これはあくまで「お願いベース」の方法であり、強制力はないが、提出がされない場合には、さらに**文書提出命令**も可能である。これは、強制的に文書の提出を命じるもので、第三者が提出しない場合は過料という金銭的罰則が課されるし、相手方当事者が従わない場合は命令の申立人の主張が真実と認められる。

文書の所持者は原則として提出の義務を負うが、例外的に義務を

免れる場合がいくつかある。たとえば、その文書に所持者の職業の秘密に関する事項が記載されている場合や文書が専ら所持者の利用のために作成されたものである場合などである。実際にどのような場合に提出義務が認められるかについては多くの判例があり、具体的な文書ごとに詳細な基準が形成されてきている。

証拠収集権の重要性と制度の課題

　以上のように、それぞれの当事者が様々な方法で証拠を収集し、それを裁判所に提出することになる。このような証拠提出権は、当事者の手続権の中核をなすものである。仮に当事者が事実を自由に主張できたとしても、それを立証する手段が与えられていなければ、空砲を撃つに等しい。その意味で、当事者が必要な証拠を収集することができる権利もまた手続保障の重要な要素ということができよう。現行民事訴訟法は、旧法に比べて、当事者照会の手続を新設し、文書提出義務の範囲を拡大することによって、証拠の面における手続権を強化したと評価することができる。ただ、これで十分かどうかについては、なお議論のありうるところであろう。特に当事者照会の制度は十分機能していると言うには程遠く、一定の強制力を付与するなど何らかの対応が必要になってくる可能性がある。また、文書提出命令についても、提出を求める文書の特定をより緩やかな形で認めるといったことも考えていく必要があるかもしれない。そのような制度的な手当も含めて、当事者が真相の解明に十分な納得感をもてるような民事訴訟を目指していく必要があろう。

自由心証主義

　以上のようにして当事者から提出された証拠に基づき、裁判所は事実を認定することになる。どのような証拠があれば、ある事実を認定することができるかは、基本的にすべて裁判所の自由な心証に

委ねられている。これを**自由心証主義**という。かつては、契約の成立を認定するには2人以上の立会人の証言が求められるなど事実認定に必要な証拠を法定していたこともあるが（証拠法定主義）、それでは事実認定が硬直化し、真実の発見から遠ざかることになるので、事実認定について裁判官の職業的能力を信頼し、そのような証拠の法定はせず、裁判所の自由な心証に委ねたものである。

ただ、だからといって、完全に裁判所の自由な裁量に基づき事実が認定されるわけではない。提出された証拠から**経験則**や**論理則**に基づき合理的にその事実が認定される必要がある。たとえば、当事者本人の印鑑が捺された契約書が提出されている場合、他に特段の事情がなければ、その契約は本人の意思に基づき成立したものと推認されるはずであり、裁判所がそれと異なる事実を認定するのであれば、その理由が合理的に説明できる必要があろう。そのような十分な説明ができないような事実認定がされた場合には、経験則に違反する判決として上訴によって取り消される可能性があることになる（どの程度の心証を裁判所が抱けば事実を認定してよいかという問題〔証明度の問題〕については、⇒**3**参照）。

2　証拠調べの手続はどのようなものか

以上のようにして、事実の認定は行われるが、その手続の中核となるのが証拠調べである。

5つの証拠調べの方法

証拠調べは必ず民事訴訟法の定める方法によらなければならず、民事訴訟法は5つの証拠調べの方法を定めている。すなわち、**書証**、**検証**、**鑑定**、**証人尋問**及び**当事者尋問**である。

(i) **書証** まず、**書証**は、文書に書かれている内容を証拠とする証拠調べの方法である。文書はその性質上、一度紙面に固定されると、簡単には改変できないので、信頼性の高い有力な証拠方法である。ほとんどの訴訟で何らかの書証が提出される。契約関係の訴訟であれば契約書が提出されるであろうし、不動産関係の訴訟では登記事項証明書が不可欠の証拠になる。書証を申し立てたいとする当事者がその文書を所持していないときは問題であるが、前に述べたように、この場合には、当事者は文書送付嘱託または文書提出命令を相手方や第三者に対して申し立てることができる。文書の所持者が任意に文書の提出に応じる場合には、送付嘱託が裁判所からされるし、所持者が任意の提出に応じないときには文書提出命令の発令が問題となる。

　文書が裁判所に提出されると、まずその成立が真正であるかどうかについて認否がされる。「**成立の真正**」とは、その文書が、その名義人によって作成されたものであるかどうか、という問題である。名義人作成の文書であれば、その内容が虚偽のものであっても、真正な文書とされる。それに対し、名義人の作成したものでない文書、すなわち偽造された文書は証拠としての効力が認められず、証拠調べの対象とはならない。どこの馬の骨とも分からない者の作成した文書は、一般的に証拠価値がないと考えられるからである。ただ、公文書については当然に成立の真正が推定されるし、私文書についても、名義人の署名または押印があれば真正な成立が推定され、偽造だと反証されない限り、証拠調べの対象となる。

(ii) **検証** 次に、**検証**がある。検証は、事物の性状が問題となるときに、裁判官の五感の作用で実際にその事物の現状を把握する証拠調べの方法である。たとえば、欠陥住宅に関する訴訟で、実

際に建物を見聞してみてどのような問題があるのかを把握する際に検証が行われる。

「百聞は一見に如かず」という諺が示すとおり、有効な証拠調べの方法ではあるが、現実には、裁判官や書記官の時間をとること、証拠調べの結果の残し方（調書作成）に困難な点があることなどから、その活用には難点もあるとされる（2008年に検証が行われたのは、全事件の0.1％に止まる）。

(iii) **鑑　定**　　第3の証拠調べの方法として、**鑑定**がある。鑑定は、ある事実について専門的な知識・経験を有する第三者が意見を述べる証拠調べの方法である。裁判官は法律の専門家ではあるが、その他の科学技術等の知見については素人である。ところが、訴訟においては、争点となる事実の認定に専門的な科学知識が必要となる場合が少なくない。そこで、その場合には、専門家を**鑑定人**に選任して、裁判官の知見を補ってもらうわけである（2008年に鑑定が行われたのは、全事件の0.6％である）。たとえば、医療事故をめぐる訴訟で、治療行為のミスと患者の死亡との間に因果関係があるのか、そのような治療行為が適切なものであったのかといった事項について、医師を鑑定人として選任してその意見を求めるような場合が典型である。そのほか、建築の瑕疵が問題となる訴訟では建築士が瑕疵の有無を鑑定し、不動産の価格が問題となる訴訟では不動産鑑定士が価格鑑定を行うことも多い。裁判官により任命された鑑定人は、鑑定事項に関して、自らの専門知識を駆使して評価を行い、その意見を鑑定書として裁判所に提出する。提出された鑑定書に疑問の点があれば、鑑定人に対する質問の手続が行われる。

ただ、鑑定人の確保やその中立性の維持には困難な問題もあり、専門訴訟の遅延の1つの原因となっている。これには、たとえば、

医師等について出身大学ごとの派閥や専門の細分化の問題などがあり、具体的事件について適切な鑑定人を選任するのが困難であること、鑑定人となった場合には負担が重く反対尋問等で不快な経験をすることもあるため、鑑定人候補者が鑑定人となることを断る例も多いこと、鑑定人が鑑定書の作成に慎重となり、その提出に時間がかかることなど様々な原因があった。そこで、最近では、最高裁判所や各地の裁判所で鑑定人の名簿の整備や医学・建築学関係の学会との連携などによって鑑定人選任のルートを確保する試みや、複数の鑑定人を選任したり、口頭での鑑定結果の報告を認めたりなどして鑑定人の負担を軽減する試みなど鑑定制度の運用改善の方策がとられている。さらに、司法制度改革に基づく平成15年の民事訴訟法改正により、証人と同じように尋問をするのではなく、まず裁判官から質問をする**鑑定人質問制度**が導入されるなど鑑定手続の制度的改善が図られ、さらには専門委員制度の導入など、専門訴訟における裁判官の支援体制が抜本的に整備されてきている（⇒第12講**2**も参照）。

　(iv) 証人尋問及び当事者尋問　　最後に、実際上最も重要な証拠調べの方法として、**証人尋問**及び**当事者尋問**がある（併せて「**人証調べ**」とも言う）。証人尋問は、事実について第三者の証言を求める証拠調べであり、当事者尋問は、事実について当事者本人（またはその法定代理人・代表者）の陳述を求める証拠調べである。不法行為訴訟など、最初から書証の存在が期待できないような訴訟類型のほか、日本では、契約などでも書面が作成されない場合が多く、作成されていても、実際にはその内容とは異なる取決めが口頭でされていることなどもあり、人証調べの重要性がきわだっている。

　ただ、人証の尋問にはその準備のための時間を必要とするほか、

証人等の出頭の都合を合わせる必要もあり、その遂行には一定の時間がかかるため、民事訴訟に要する時間のかなりの部分が人証調べ関係の時間であったことは否定できない。また、そのように時間がかかっている間に、裁判官の記憶が薄れたり、裁判官が転勤等のために代わってしまったりすることもあり、口頭での尋問結果それ自体よりも尋問調書に頼った事実認定となりがちで、実質的な書面審理になるなど弊害も大きかった。そこで、迅速かつ適正な事実認定のため、現行法では、従来の五月雨的な尋問方法を改め、**集中証拠調べ**による運用改善が図られている。

　集中証拠調べのため、前述のように、（⇒第6講参照）、まず周到な争点整理がされ、どのような事実についてどの人証にどの点を質問するかが、裁判所と両当事者の間で詰められる。そして、何回の期日で各人証にそれぞれ何分程度の時間を割いて尋問がされるかが決められる。これに沿って、1回ないしなるべく連続する期日の中ですべての人証の尋問が終えられるように努めるものとされる（実際にも、大多数の事件で集中証拠調べは実現している）。

　実際の期日では、まずその人証の尋問を申し立てた側の当事者が尋問し（**主尋問**）、次に相手方当事者が尋問し（**反対尋問**）、最後に裁判官が補充的に尋問する（**補充尋問**）という方式で行われる。このようなやり方を**交互尋問**といい、戦後アメリカのシステムを参考に導入されたものである（戦前は、裁判官が中心となって尋問する方式であった）。ただ、アメリカとは異なり、当事者による証拠収集の方法が日本では必ずしも十分ではないため、反対尋問が有効になされることは必ずしも多くないとされる。なお、証人は証言義務を負うが、職業上の秘密に関する事項などについては**証言拒絶権**が認められる場合がある。

陳述書

　現行法では、尋問を実効的に行うための情報・証拠収集の方法として、文書提出命令が強化されるとともに、審理の準備に必要な事項について相手方当事者に質問する当事者照会の制度が導入されたのは、前述のとおりである（⇒ 1 参照）。また、裁判所が尋問前に事実関係を十分に把握するとともに、相手方に反対尋問の材料を提供することも目的として、尋問予定者の**陳述書**の提出を求める運用が広く行われている。それによって、裁判所や相手方も、その人証が大体どのような事実についてどのようなことを述べるのかをあらかじめ知ることができるわけである。集中証拠調べを円滑に進めるためにこの陳述書は必要不可欠な道具ではあるが、時間の節約等のためそれが証人尋問等に代用されてしまうこともあり、人証調べに関する法規制が潜脱されるといった危険性も指摘されている。

3　証明ができない場合はどうなるか

　以上のような証拠調べがされて、その結果に基づいて裁判所は心証を形成し、その自由な心証に基づいて事実を認定していくことになる。

証明度

　どのような程度まで裁判所が心証を固めれば、その事実について証明があったと認めてよいかが問題となる。このような、証明があったとしてよいと考えられる心証の度合いのことを**証明度**とよぶ。現在の日本の民事訴訟における一般的な考え方では、通常の人がその事実について疑いをはさまないような、**高度の蓋然性**が証明度として必要であるとされる。ただ、訴訟における証明は、科学技術上

の証明とは異なり、過去の事実を現存する証拠資料から推認するというその性質上、一点の疑義も許さないような厳格なものではないとされる。比喩としてはよく、99％の心証までは必要なく、おおむね70〜80％程度の心証が形成されれば証明があったとしてよいとされる。

　ただ、最近は、そこまでの高度の蓋然性は必要ないのではないかという議論もされている。後に述べるように、仮に、ある事実について証明がなかったとされれば、証明責任が適用されて、証明責任を負う当事者が敗訴することになる。しかし、たとえば、仮にその事実の存在について裁判所の心証が60％であったとすると、最終的にその事実の存在を認めない判決は、確率的に見れば誤っている可能性が高いことになる。なぜなら、その場合には、事実を存在しないとする認定が誤っている確率が60％であるのに対し、事実が存在するとの認定が誤っている確率は40％だからである。民事訴訟における証明度は、結局、どちらの当事者にどの程度の敗訴のリスクを引き受けさせるかという問題であり、原告・被告の間に特に区別する理由がないのだとすれば、50％超を証明度とするシステムが誤判のリスクを一番減少させることができるのである（これに対し、刑事訴訟では、無実の被告人を罰しない点により大きな意義があるので、検察官の負担を大きくし、証明度を高く設定することには一般に合理性がある）。英米法では、**優越的蓋然性**といって、同様の考え方が採用されており、日本でもこの点の検討が必要かもしれない。

証明責任の意義

　いずれにしても、ある事実の存在について証明度に至る証明がされればその事実はあったものと認定され、逆にある事実の不存在について証明度に至る証明がされればその事実はなかったものと認定

される。問題は、ある事実の存在についても不存在についても証明度に至る証明がされなかった場合である。この場合には、法的には、その事実はあったともなかったともいえないはずである。しかし、それでは、判決を下すことができず、当事者の法的利益を最終的に救済できなくなってしまう。そこで、その場合にはその事実の存在または不存在を擬制して、それに基づいて判決を出すことにしたのである。そのような擬制の結果、不利益を受ける（敗訴させられる）当事者の負担のことを「**証明責任**」と呼ぶ。つまり、事実の存否が不明になったときは、裁判所は、証明責任を負っている当事者の不利に判決をすることになる。

証明責任の分配

それでは、このような証明責任は、どのような基準で原告・被告に配分されることになるのであろうか。それを決するのは、基本的には実体法である。ある条文の要件として定められている事実が仮に証明できないとすれば、どちらに軍配を挙げるのがその条文に関する制度の趣旨に適うかを判断することになる。その意味で、証明責任の分配は政策的な判断であるといえる。

具体的には、ある**権利の発生の原因**となっている事実についてはその権利の存在を主張する側の当事者が証明責任を負い、ある**権利を消滅**させたり、その**権利の発生を阻止**したりするような事実についてはその権利を否定する側の当事者が証明責任を負うのが原則である。たとえば、貸金返還請求訴訟では、消費貸借契約成立の事実は権利発生の原因となるので、債権者の側が証明責任を負い、弁済の事実は権利消滅の原因となるので、債務者の側が証明責任を負うことになる。このような証明責任の分配は実際の証拠の所在という観点からも一般に公平なものである。権利発生の根拠となる事実に

ついては通常将来その権利を主張することになる者がよく証拠を保存するであろうし（債権者は権利主張の根拠となる契約書を保存する）、権利消滅については逆に権利を否定することになる者に証拠保存を委ねるのが相当であろう（債務者は権利消滅の根拠となる領収書を保存する）。そのように、一般に証拠を保存することが期待できる当事者に証明責任を分配するのは、真実の解明に資するし、当事者間の公平な紛争解決の結果にも資するであろう。

証明責任の転換

　以上が証明責任に関する基本的な考え方であるが、このような原則をそのまま適用すると、実際には不都合な結果を招く場合もある。証明責任を負う当事者にその事実を証明することが期待し難いような場合である。たとえば、取得時効という制度がある。これは、不動産について20年間占有した者はその不動産の所有権を取得するという制度である。この取得時効による所有権の取得を主張する当事者は、自己がその不動産を20年間継続して占有してきたことを証明しなければならない。しかし、現実にはそのような証明はほぼ不可能である。20年間の間に、占有が1カ月途切れていないということまで証明はできないであろう。

　そこで、民法は、そのような場合、20年前の時点の占有と現在の占有とを証明できれば、その間占有が継続していたことを推定するという扱いを認めている。「推定する」ということの意味は、相手方の方で、その間に占有が途切れていることを証明しなければ、占有継続が認定されるということである。言い換えれば、これは、20年間の占有の継続という事実の証明に代えて、20年間の最初と最後における占有の事実が証明できれば、その間の占有の継続については**証明責任を転換**し、相手方が占有の断絶の事実を証明しなけ

ればならないとするものである。このような規律を「**法律上の推定**」といい、これによって証明の困難を救済する趣旨のものである。

現代社会と証明責任原理

　以上のような証明度や証明責任の考え方は、現在の民事訴訟の根幹を貫く基本的な原理として理解されている。ただ、このような原理は、19世紀から20世紀にかけて、当時一般的であった**商人間の契約関係**の訴訟を主に念頭において形成されてきたものであることには注意しなければならない。そのような訴訟では基本的には当事者は対等であり、また証拠も両当事者に均等に所在するといってよかった。そのような場面では、現状の変更を求める側の原告に比較的重い証明の負担を課して、その負担が果たされなければ敗訴させるというやり方には十分な合理性があった。

　しかし、20世紀の後半以降、社会の工業化・専門化が加速度的に進行する中、民事訴訟の内実も大きく変わってきている。そこでは、当事者間の力の均衡は幻想になり、証拠も一方当事者に偏在することが増えている。交通事故、医療事故、公害事件など不法行為関係の訴訟や、契約事件でも、消費者が事業者を訴えるような場合には、原告に十分な知識経験がなく、また証拠もないことが一般的である。そのような場合にもなお、以上のような証明度・証明責任に関する基本的な考え方を維持することができるのかは、現代の民事訴訟法につきつけられた大きな課題であり、理論上・実務上様々な工夫が提言され、実施されているところである（⇒次頁コラム参照）。

第7講 事実認定と証拠

> **コラム**
>
> ● **証明責任の転換と証明度の軽減**
>
> 　本文で見たように、証明度や証明責任の原則をそのまま妥当させると不当な帰結に至る訴訟事件が増加している。そこでの工夫として、まず、事実を認定するのに**必要な証明度を具体的な事件の中で軽減**していくという試みがある。これは、原則的な証明度は高度の蓋然性として維持しながら、具体的な事件の実情に応じて、もう少し低い証明度でも事実を認定することを可能にしようという考え方である。
>
> 　判例実務は、このようなやり方は事実の認定を不安定にするものとして、正面からは認めていない。ただ、過失や因果関係が問題になる場合などの事実認定を仔細に見ていくと、ある結果の認定から、具体的な行為態様等を特定せずに、過失等を認める場合が多くある。たとえば、テレビがいきなり火を吹いたという事実が認定できれば、なぜそのようなことが起きたのか、テレビのどこに欠陥があったのかまでは特定できなくても、テレビに何らかの欠陥があったことを推認するといった認定の方法である。これは実質的に原告の証明負担を軽減する意義を有しよう。
>
> 　また、さらに思い切った解決策として、**証明責任を転換**することがある。これは、本文でも見たように、伝統的な訴訟類型でも法律上の推定といった形で実現されることはあったが、正面から原告の証明の困難を救済しようとするものである。典型的な例が、自動車の交通事故の場合である。民法の不法行為の規定は、原告は被告の過失について証明責任を負うものとしているが、事故にあった被害者である原告に被告の注意義務の違反を証明させることは一般に非常に困難である。そこで、民法の特別法として自動車損害賠償保障法というものを作り、被告の側で自己に過失がなかったことを証明できない限り、損害賠償義務を免れないと規定している。
>
> 　このような証明責任の転換は様々な場面で議論されている。

たとえば、製造物責任法の中では欠陥があった場合に事故と欠陥の因果関係を推定することや、消費者契約法の中では損害額の証明責任を転換することなどが議論されている。ただ、証明責任の転換は、社会における証拠の収集・保存の負担を転換することを意味し、その結果として様々なコストが生じるなど、訴訟外の事象にどのような影響を与えるかということまで検討しなければならない点に注意を要する。

Bridgebook

第 8 講
訴訟の終了とその効力

1 訴訟の終了の仕方にはどのようなものがあるか

判決と和解

　民事訴訟の終了の仕方としては様々なものがある。一般には、いったん訴えが提起された以上は、最終的に裁判所の判決が出されて、それで訴訟が終了するというイメージがもたれているであろう。しかし、現実には、判決で終了する訴訟というのは、全体の半数にも満たないのである。2008（平成20）年の統計によれば、全体の32.3％の事件が判決で終了しているにすぎない。それでは、残りの事件はどのように終了しているのであろうか。実は、判決と並んで多い終了の形態は「訴訟上の和解」である（全体の28.6％）。つまり、当事者間で話し合いが成立して訴訟が終わっていることになる。これは一般的には奇異なことと思われるかもしれない。訴訟とは結局は喧嘩であり、話し合いをするとすれば訴訟を起こす前にするのが普通であり、いったん訴訟が始まった以上、あとは勝つか負けるか最後まで徹底的に闘うしかない、というイメージをもっている人も多いのではなかろうか。しかし、現実はそうではなく、訴訟の手続の進行過程では和解交渉が重要な意味をもち、実際にも和解で終

1 訴訟の終了の仕方にはどのようなものがあるか

了する事件も多いのである（和解については、⇒**3**参照）。

当事者の一方の行為による一方的終了

(i) **訴えの取下げ**　そのほかの終了形態としては、和解のように当事者の合意によって解決するのではなく、当事者の一方の行為によって一方的に訴訟が終了する場合がある。典型的なものが「**訴えの取下げ**」である。これは、訴えをいったん提起した原告が訴訟のそれ以上の追行を諦めて、訴訟が最初からなかったこととするものである。つまり、訴えが提起されなかった状態に戻るので、原告はもう一度後日に、訴えを提起する権利を留保する方法である。被告側から見れば、頑張って争っていたのに、突然梯子を外されるようなもので、被告の勝訴（請求棄却）への期待を保護する必要があるので、訴えの取下げには原則として被告の同意を必要とする。

そもそもこのように、いったん訴えを提起しておきながら途中で諦めるというのは、いくつかのパターンがありうる。裁判外で原告と被告の間に和解ができて、原告が円満に訴えを取り下げる場合もあれば、被告に訴状を到達させようとしても住所不明の状態になっており、勝訴しても回収は無理として諦める場合もある。逆に訴訟の進行の中で、原告がかなり負ける可能性が高いと見て取り下げる場合もある。実際の事件では、やはり相当数がこのような訴えの取下げで終了している（全体の 36.6 %）。

(ii) **請求の放棄と請求の認諾**　当事者の一方的な行為によって終了する場合としてはさらに、原告側が一方的に敗訴を認めてしまう「**請求の放棄**」と、被告側が一方的に敗訴を認めてしまう「**請求の認諾**」がある。

請求の放棄は、訴訟の途中で原告が諦めるという点では訴えの取下げと同じであるが、取下げのように訴訟をなかったものにしてし

まうのではなく、原告敗訴（請求棄却）の判決と同じ効果をもつものである。したがって、原告は再度訴えを提起することができなくなる。被告としては戦わずして全面勝利となるので、請求を放棄するには被告の同意は必要ない。

それと裏腹の関係にあるのが請求の認諾である。これは被告敗訴（請求全部認容）の判決と同じ効果をもつものである。戦わずして被告が白旗を上げるもので、やはり原告の同意は必要ない。ただ、このような不戦敗である請求の放棄・認諾はそれほど多くない（放棄が0.1％、認諾が0.5％にとどまる）。原告は勇んで訴えを起こしているので放棄するのは稀であるし、被告の方も争いがない場合はわざわざ認諾するのではなく、期日に欠席して欠席判決を受けるか、あるいは話合いにより訴訟上の和解を図るのが一般的だからである。

判　決

以上のように、判決以外の形で訴訟が終了することも多いが、やはり民事訴訟の終了の仕方として中心となるのは、判決の場合である。判決による終了に関しては、被告が口頭弁論に出席した場合と欠席した場合とに大きく分かれる。前者を「**対席判決**」、後者を「**欠席判決**」と呼ぶ。後者は、さらに被告に対して現実に訴状が送達されたが、被告が口頭弁論期日に欠席したため原告の主張を全部自白したものとして扱われて（擬制自白。⇒第3講も参照）、請求認容の判決がされる場合と、被告に対して訴状が公示送達されたため、実際上は被告は訴訟の係属を知らないまま証拠調べがされて請求認容の判決がされる場合とがある。いずれにしても、このような場合は、第1回口頭弁論期日で弁論が終結され、その日か1週間ほど後に請求認容の判決が言い渡されて簡易に訴訟が終了することになる（このような欠席判決の比率は、判決全体の34.9％に上る）。このような場合

には、判決書をあらかじめ作成しなくても、その場で判決を言い渡し、それを裁判所書記官が調書に記載することによってその調書が判決と同じ効力をもつという制度（調書判決）も認められている。

　他方、民事訴訟において通常イメージされるのは対席判決であるが（とはいえ、判決全体の65.1％であるから、提起された訴え全体の2割ほどが対席判決で終了するにすぎない）、これは被告の争い方によって様々な形態をとることになる。被告は一応出頭してみたが、実際上は原告の請求を争う材料はなく、単に「支払えないので、分割払いにしてください」という形で和解を求める場合もあれば、原告の請求を正面から争い、争点整理・証拠調べの段階に進んでいく場合もある。後者のような形で訴訟が進行すれば、判決まで一定の時間を要することになる。対席判決の場合の平均審理期間は11.5月と1年に近いし、人証調べがされた場合の平均審理期間は18.7月となり、1年半を超えることになっている。なお、裁判迅速化法では、第一審の審理期間がすべての事件について2年を超えないように努力する義務が訴訟関係者に課されている（2008年で2年を超える事件は、全体の3.6％である）。

　(i) **判決書の作成**　　このような対席判決の場合、証拠調べが終わってから**判決書**の作成の手続に入る。判決の中身の形成は、単独裁判官であればその裁判官の頭の中で行われることになるが、合議体の場合には、裁判官の間の意見交換で行われる。これを「**評議**」というが、それは証拠調べの前後を問わず審理の節目で行われるものである。評議の結果、全裁判官の意見が一致した場合は問題ないが、意見が分かれた場合には多数決による、これを「**評決**」といい、各裁判官がそれぞれ1票をもって判断する（3名の合議体では2対1で判断がされる）。実際には意見が分かれることは稀であるとされるが、

最高裁判所の場合と異なり、下級裁判所では結論に反対した裁判官も個別意見を判決書に表示することは許されないので、実際にどの程度の事件で意見が分かれているかは明らかでない。

評議・評決の結果、判決の中身が決まると、その内容を判決書に表していくことになる（前述のとおり、欠席判決の場合には、判決に代わる調書の制度が認められている）。合議体の場合には、この原案作成の作業は主任裁判官（多くの場合は最も後任の左陪席裁判官）が行い、他の構成員がチェックする。判決書には、請求についての判断の結論を示す主文のほか、それに至る理由と当事者の主張等の事実を明らかにする必要がある。

(ⅱ) **判決の言渡し**　判決書ができると、それに基づき期日において**判決の言渡し**がされる（刑事訴訟では、判決言渡しは判決書に基づく必要はなく、言い渡した後に判決書を作成することが認められるが、民事訴訟では、調書判決の場合を除き、必ず判決書が作成されている必要がある）。判決の言渡しは、口頭弁論を終結した日から2カ月以内にしなければならないとされているが、これは訓示規定であり、複雑な事件ではそれを超えている場合も少なくない。判決言渡しは、通常、判決主文だけが告げられ、当事者は欠席していることも多い。その後、判決書は当事者に送達されることになる。上訴期間はこの送達の時点から起算される。

2　判決の効力の範囲

判決は、上訴がされない限り、確定する（上訴については、⇒第9講参照）。確定判決には、いくつかの効力が認められる。これを判決効という。

執行力

　まず、その判決が被告に対して何らかの給付を命じる内容であれば、その判決に基づいて強制執行を行うことができる。そのような判決の効力を「**執行力**」と呼ぶ。執行力を有する文書は法律で列挙されているが（これを「**債務名義**」という）、確定判決はその代表的なものである。たとえば、「被告は原告に対し1億円を支払え」という主文の判決が確定したときは、原告は、その判決に基づき、被告の土地建物や銀行預金債権などを差し押さえ、その売却代金等の配当を受けることができる（これら強制執行の手続については、⇒第10講参照）。また、建物の明渡しを命じる判決主文であれば、執行官により直接に相手方を立ち退かせることができるし、不作為を命じる判決（**差止判決**）などであれば、それに違反する相手方に金銭を支払わせて間接的に義務を強制することができる（**間接強制**）。

仮執行宣言

　このような執行力が生じるのは、判決の確定を条件とするのが原則であるが、例外的に、判決の中に「**仮執行宣言**」というものが付されていれば、判決確定前であってもそれに基づく強制執行ができる。仮執行宣言とは、判決確定前に特に強制執行を許す旨の宣言であり、財産上の給付の請求権の場合に、当事者の申立てによりまたは裁判所の職権で付することができる。実際、金銭の給付を命じる判決においては通常、仮執行宣言が付される。ただ、仮執行がされた後、上訴審でその判決が取り消される場合がなくはない。そのような場合には、当然仮執行は効力を失うことになり、原告は被告がそれに従って給付した物を返還する義務を負うことになる。

既判力

　また、判決が確定すると、当事者はその判決の内容を再び争うこ

とができなくなり、その後の当事者間の法律関係はその内容を基礎とすることになる。このような判決の効力を「**既判力**」という。

(ⅰ) **訴訟物と判決理由中の判断**　既判力は、その訴訟の**訴訟物**（⇒第3講参照）についてのみ生じるのが原則であり、判決の理由中での法律判断や事実認定には発生しない。当事者の攻撃防御の中心は訴訟物であるためである。たとえば、原告が不法行為に基づく損害賠償請求をして原告勝訴の判決が確定すれば、原告の被告に対する損害賠償請求権が存在するという点についてのみ既判力が生じる。もちろんその判決の中では、被告に過失があったという事実も認定されているが、そのような判断は判決理由中の判断にすぎないので、既判力は生じない。したがって、被告はその点が争点となった別の訴訟で再度過失の有無を争うことが可能である。

このように、訴訟物についてのみ既判力を発生させるのは、当事者の攻撃防御活動を柔軟にし、審理を効率的にする趣旨である（たとえば、過失の点が他の訴訟でも争えなくなるとすれば、被告はその点を徹底的に争わざるをえないが、その訴訟限りのことであれば、その点は余り頑張らず、損害額等に争点を絞るという行動もありえよう）。ただ、学説上は、一定の要件の下で、争点に関する理由中の判断にも判決効を認めようとする見解があり、そのような効力は「**争点効**」と称される。当事者が（争点を選択する自由はあるとしても）現実に争点として争った以上、その点を2度と争えなくしても、前述のような心配はなく、かえって当事者間の衡平に資するからである。判例はこのような考え方を認めていないが、一定の場合の紛争の蒸し返しは例外的に信義則に反するものとして、同じような結論を導いている。

(ⅱ) **既判力と第三者への効力**　既判力は、また、その訴訟の当事者についてのみ発生するのが原則である。訴訟において攻撃防御

の活動を行うことができるのは当事者だけであるので、そのような活動ができない第三者にまで判決の効力を及ぼしてしまうのは、その者の手続保障を害し、不当だからである。したがって、たとえば、債権者が主債務者に訴えを起こし、債権の存在を確定して給付判決を得たとしても、それはその債務の連帯保証人との関係では効力を有するものではない。債権者はその主債務者に対する給付判決に基づき保証人に対して強制執行することはできないし、また保証人に対して訴えを起こしても、保証人は主債務が弁済によって消滅していることをもう一度争うことができるのである。

　ただ、例外的に、第三者にも判決の効力が及ぶものとされている場合がある。たとえば、訴訟物である権利義務関係を判決後に承継した者（明渡しが命じられた建物を判決後に転借した者など）に対しては、例外的に既判力の拡張が認められている。せっかく前の占有者に対して明渡しの判決を得ていても、承継人に対して再度訴えを起こさなければならないとすると、問題となる権利義務を移転させることにより、容易に判決の実効性を失わせることが可能になってしまい、司法制度の信頼を損なってしまうからである。

形成訴訟と形成力

　最後に、ある種の訴訟の判決においては、実体上の権利義務の関係を判決によって生成・変動・消滅させるような効果が認められる場合がある。これを判決の「**形成力**」と呼ぶ。たとえば、離婚訴訟で請求が認容されると、当事者間の婚姻関係が消滅するという法的な効果が生じるし、認知訴訟で請求が認容されると、当事者間に親子関係が発生するという効果を生じる。また、株主総会の決議取消訴訟の請求が認容されると、総会決議の効力が消滅するという効果が生じる。

実体法上の権利義務関係の変動については、一定の要件に基づいて一方当事者が意思表示をすることによって当然に効果が生じる場合も多いが（これは形成権と呼ばれる）、それでは意思表示がされた際に要件を満たしていたか否かをめぐって事後的に争いを生じ、法的な安定性を害するおそれがある。そこで、身分関係や会社関係など重要な法律関係で、それによって影響を受ける者が多数に上るようなものについては、実体法上の権利義務関係が形成される前提として判決を要求し、法的な安定性を確保することにしたものである。そして、このような形成力を生じる訴訟を形成訴訟と呼び、そのような判決を形成判決と呼ぶ。

対世効

したがって、形成力を有する判決については、その効力が第三者にも拡張される場合が多い（「対世効」と呼ばれる）。そのようにしないと、関係者の間で法律関係がバラバラになって収拾がつかなくなるからである。たとえば、もし離婚判決が当事者間でしか効力が生じないとすると、当事者であるAさんとBさんの間ではもう夫婦ではなくなっているが、Cさんから見ればまだABは夫婦であるということになりかねず、それでは社会関係を円滑に進めることができなくなってしまう。そこで、このような場合には、判決の効果を第三者には及ぼさないとする前述の手続保障の考慮よりも、法的安定性の要請をより重視することにしたものである。

なお、形成訴訟のうちで、権利義務関係を形成する要件が法律で定められておらず、裁判所の裁量に委ねられているような類型のものを「形式的形成訴訟」と呼んでいる。たとえば、隣接地の間の土地の境界を確定するような訴訟では、それが明確でない場合には、最後は裁判所が裁量で境界を設定することができると解されている。

このような訴訟の類型は、前に説明した非訟事件（⇒第1講参照）と実質的に大きな違いはなく、非訟事件としての性格をもつ事件について、沿革的な理由や対象となる権利関係の重要性から、特別に訴訟事件として扱うこととしたものであると理解されている。

3　訴訟上の和解の意義

和　解

　以上のように、争点整理・証拠調べの手続を経て、最終的に判決によって事件が終了するのが訴訟手続の原則であるが、前にも述べたように（⇒1参照）、実際には、訴訟上の和解が試みられることも多い。裁判所は訴訟手続のどの段階でも和解を試みることができるものとされ、実際にも事件に応じて様々な段階で和解が勧試されている。当事者の間で和解の希望が明確である場合には、口頭弁論期日を経ずに訴訟の最初からいきなり和解が進められることもあるし、争点整理の過程で併せて和解に向けた話し合いの機会がもたれることも多い。さらに、証拠調べがされて、裁判所の心証がある程度固まった段階で、そのような心証に基づいて和解が勧告されるという場合もある。このように、和解という手続は大変柔軟なものであり、それについての手続的なルールも余り設けられていない。

　なお、このように訴え提起後に話合いが試みられる原則的な場合のほか、実質的に争いのない事件について、簡易裁判所に和解を求める起訴前の和解（**即決和解**）という制度もある。これは簡易な債務名義の作成の方法として活用されている。

（i）**和解の手続**　　和解の手続は、和解期日という独立の期日か争点整理期日（弁論準備期日）の中で、法廷外の準備室や裁判官室で

行われるのが一般的である。その手続の進め方については、特に法律の規定はなく、各裁判官のいわば「職人芸」としての性格が強い。その中でも、和解期日では、両当事者を交互に面接して事情を聴取しながら、双方を説得していくという形態がしばしばとられるようである（これを「**交互面接方式**」と呼ぶ）。このようなやり方は、両当事者の感情的な対立が激しいため、口頭弁論のように同席させると、当事者間で非難の応酬などが行われ、和解の成立が困難になることや、相手方が同席する中では当事者としてはなかなか率直な話ができず、和解の成立が阻害されることなどが理由とされる。たとえば、当事者としては「自分の言い分には確かに弱みもあるので、相手の請求の7割までならば支払ってもよい」と考えているが、相手方の目の前でそのように言えば、相手は勢い付いて請求全額の支払がない限り、譲歩に応じないということになりかねず、かえって和解ができなくなるといったことである。

他方、このような方式には弊害もある。たとえば、当事者としては、相手方がその場にいないだけに、裁判官に対して様々な情報を吹き込むことができ、そのことが和解失敗後の裁判所の心証に影響を与えるおそれがあることや、裁判官が両方に対して敗訴のおそれがあると指摘することによって説得を図るなど問題のある運用に及ぶおそれがあろう。このような点から、最近では交互面接方式の多用には反省も生じており、できる限り対席方式による和解が望ましいという主張もされている。

両当事者の間に和解の合意ができると、裁判所書記官によって和解調書が作成される。この和解調書は確定判決と同一の効力を有するものとされ、これに基づいて強制執行をすることもできる。

(ii) **和解への評価**　　かつては和解による解決は、裁判所の本来

の任務である判決を回避するものであり、必ずしも望ましいものではないと評価されていた（「和解判事になるなかれ」という助言が先輩裁判官から後輩にされていたという）。しかし、現在では、法の適用に拘束される判決では決してできないような根本的な紛争解決を図りうるものとして、和解による解決は高い評価を受けるに至っている。実際、水俣病訴訟などの公害紛争や HIV 訴訟、C 型肝炎訴訟などの薬害訴訟など解決の困難な集団的紛争で、最終的に和解による抜本的な解決が図られている。たとえば、HIV 訴訟では、被害者の個別的救済に加えて、エイズの専門的な治療施設の整備を国が約束するなど将来の被害者も含めて広汎な救済が図られている。このように、判決では得られない解決結果を和解によって達成することを「**判決乗り越え型和解**」などとも呼び、積極的な評価がされる。

　しかし、この点は、裁判所ないし司法の役割とも関連する根深い問題を提起するものである。すなわち、国家権力を行使する裁判所の役割として、法によらない被害救済を図ることが含まれているのか、そのような役割はむしろ立法府や行政府の役割であって、裁判所が行うことはその権限を越えているのではないか、といった疑問である。「法に縛られない解決」はそれがうまくいけば「大岡裁き」として国民の喝采を浴びるが、失敗すれば権利の保護とは正反対の結果になりかねない点にも常に目を向けておく必要があろう。

　(ⅲ) **和解技術論**　　また、最近積極的に和解を推進する立場の主張には、民事裁判の本質から説き起こす論者もある。私的自治が妥当し、処分権主義・弁論主義に支配された民事裁判においては、むしろ当事者による和解は紛争解決の王道であり、そのような和解ができない場合の最後の手段として判決があるのであり、むしろ判決は（邪道ではなくても）、権道にすぎないという見方である。このよ

な論者は、裁判官の任務としての和解の重要性を強調し、和解を成立しやすくするため裁判官は「**和解技術論**」をマスターする必要があると主張する。

　確かに、和解を進めていくためには様々なテクニックが必要であり、従来は職人芸とされていたこの技術を可視的なものとして、裁判官集団の中で伝承していく必要が認められよう。ただ、民事訴訟の最終的な役割が判決であることは決して忘れてはならず、和解を行うについても判決との関係に配慮する必要があろう。言い換えれば、訴訟上の和解と訴訟外で行われるADR（裁判外紛争解決手続）との役割分担をどのように図っていくかという視点である。訴訟上の和解も、広い意味ではADRの一種であるが、そのADRとしての特質は、判決をする権限を有する裁判官が主宰するADRである点にあるように思われる。そして、そのような特質から、訴訟上の和解の（他のADRと比較した）利点・欠点が生じ、それに応じた対応策が必要になるものと考えられる（詳細は、⇒本講コラム参照）。和解を推進する立場にあっても、このような観点が忘れられてはならない。

　(iv)　**和解手続論**　　そのような観点からすれば、和解の手続について全くルールがないという現状には問題があると考えられる。和解が成立しない場合に、最終的に判決によって解決する権限を有する裁判官が手続を主宰する、という点に訴訟上の和解の特質がある。その点に鑑みれば、もし当事者が裁判官の提示する和解案に同意しない場合、判決において不利に扱われるのではないか、という危惧を当事者がもつことはもっともなことであろう。また、前に述べた交互面接方式の和解手続についても、何らかの規制が必要ではないかと思われるところである。

　このような観点から近時提起されているのが「**和解手続論**」と呼

ばれる議論である。これは、現在の法律には和解の手続についてほぼ全く規定がないが、民事訴訟法の解釈として、和解手続についても一定のルール化を図っていこうとする見解である。そこでは、特に交互面接方式の和解は、一定の合理的な必要が認められる場合に限られるべきであるとされる。そのような方式は、裁判官による一種の情報操作を可能にし、また当事者の一方から提供された情報が裁判所の心証に影響して、判決の結果を左右するおそれがあるからである。

(ⅴ) 和解謙抑論　　また、そもそも訴訟上の和解における裁判官の役割として、和解案を提示して当事者を説得することは含まれず、むしろその時点までの裁判所の心証を示して、後は当事者間の話合いに委ねれば足りるという考え方もある。訴訟上の和解の真髄は、適切な心証に基づき交渉を行えるという点にあるとすれば、適切な心証開示さえ裁判官からされればそれで十分であり、その後の交渉は、交渉仲介を専門とするADR機関や弁護士等を代理人とした相対交渉によれば足りるとも考えられるからである。逆に和解手続に余りに裁判官がコミットすることになると、判決手続の弛緩をもたらし、かえって司法の本来の役割を害するという懸念が示される。このような「和解謙抑論」ともいわれる議論は今日なお有力なものであり、訴訟上の和解をどこまで裁判所の仕事として重視するかは非常に困難な問題である。

> コラム
>
> ### ● 訴訟上の和解と ADR──裁判所の役割はどこにあるか
>
> 　本文でも述べたように、訴訟上の和解の意義・機能を考えていくためには、ADR との役割分担の中で、裁判所が和解交渉の中でどのような役割を果たすべきかを整理する必要がある。最近有力に提唱されている1つの考え方は、裁判所はその時点までの審理に基づく心証を当事者に明らかにすれば足り、その後はそれを前提に当事者間で（通常両者の代理人弁護士を介して、また場合によっては民間の ADR 機関を活用しながら）交渉をすればよいというものである。
>
> 　これは、ADR 等によって代替できない訴訟上の和解の機能は、訴訟における裁判所の心証にできるだけ適合した出発点を前提に交渉を行えるという点であることに鑑み、いわば訴訟上の和解を「**心証開示機能**」と「**交渉仲介機能**」に分解し、他の ADR 等によっては代替できない前者の機能のみを裁判所に果たさせ、他の機関で代替可能な後者の機能は他に委ねるという考え方ということができる。裁判所（国）にしかできない機能のみを裁判所が担い、民間等でもできる機能は民間等に委ねる発想である。かつて訴訟上の和解が判決に向けた審理を弛緩させるおそれを懸念する「和解謙抑論」が提示されたことがあるが、以上のような裁判所機能論の点も考えれば、このような「**新和解謙抑論**」とも称すべき見解は注目に値しよう。

Bridgebook

第 9 講
不服申立ての仕組み

1 判決に不服がある当事者の救済方法

上訴制度

　これまで述べてきたような手続に従って、最終的に裁判所は判決によって当事者の提起した訴えに回答を出す。しかし、敗訴した当事者がその判決に不服がある場合が当然に考えられる。このような場合に、当事者に上級審に対する不服申立ての機会を保障するのが上訴の制度である。いかに優れた裁判官がいかに完備された手続に則って判決を下すとしても、そこに全く誤りが生じないということはありえない。裁判は所詮生身の人間が行うものであり、どのような人も誤りを犯すものである。そして、敗訴した者が真に納得し、判決の結果に服する気持ちになるためには、複数の機会に複数の裁判官の眼でその結果を検証することが不可欠である。その意味で、上訴制度は当事者の手続保障として極めて重要なものと言うことができる。

　民事訴訟の判決についてどのような上訴制度を構築するかに関して、特に憲法上の定めは存しない。この点は立法者の判断に委ねられているとするのが最高裁判所の判例である。ただ、前述したよう

に、上訴制度が当事者の手続保障の根幹に関わるものであるとすれば、立法者の裁量にも自ずから限界があると考えられる。現行法については、一般に**三審**制度、つまり判決に対して2回の上訴の機会を付与するものと説明される。厳密に言えば、事実問題については1回、法律問題については2回（ただし、後述のように、最高裁判所が上告審となる場合はさらに実質的な制限がある）の上訴が可能とされる。つまり、第1回目の上訴を控訴といい、ここでは事実問題・法律問題の双方についての不服を述べられるが、第2回目の上訴である上告では、法律問題に関する不服に限定されるものである。

控訴審

　第一審の終局判決に不服のある当事者は、**控訴**をすることができる。控訴は、第一審判決が簡易裁判所である場合には地方裁判所に対し、地方裁判所の判決については高等裁判所に対して、提起される。この点は、刑事訴訟とは異なる点であり（刑事では控訴は必ず高等裁判所に対してされる）、裁判所の審級を順番に上っていくのが民事の上訴の特色である。

　控訴の提起は第一審判決の送達から2週間以内にされなければならず、控訴人は控訴状を第一審裁判所に提出することになる。控訴審の審理は第一審での審理とおおむね同様であるが、審理の範囲は原告の請求全体に及ぶのではなく、控訴人の不服申立ての範囲に限られるのが原則である（ただし、被控訴人は**附帯控訴**を申し立てて、自らの有利に審理の範囲を拡張できる）。また、控訴審の裁判長は攻撃防御方法の提出時期を一般的に定めることができ、当事者が定められた時機に後れて主張や証拠を提出したときは遅延の理由を説明する必要がある。

　（ⅰ）**控訴審の構造**　　控訴審の審理の仕方については、歴史的に

あるいは国際的に、様々なやり方がある。1つは**覆審制**といわれるもので、第一審の審理はなかったものとして、全く新たに控訴審が審理をやり直すものである。したがって、証拠調べも繰り返されることになる。もう1つは**事後審制**といわれるもので、第一審の審理の結果を前提として、第一審判決に誤りがないかをチェックするというものである。この場合、控訴審で新たな主張・立証がされることは想定されない。この両極端のやり方について、覆審制は無駄が多く、第一審が軽視されるとの欠陥があり、他方、事後審制は、新たな攻撃防御が全く許されず、控訴人に不満が残りやすい。

そこで、日本法はその中間をとり、控訴審は第一審の審理を継続する**続審制**と呼ばれる方法を採用している。そこでは、必要があれば第一審で取り調べた証拠の再度の取調べや追加的な証拠調べも可能とされる。ただ、最近では、実際に控訴審で証拠調べがされる場合が減少してきているとされる。このような運用は「控訴審の事後審化」とも呼ばれるが、その理由としては、審理の迅速化の要請のほか、第一審が充実して控訴審で改めて証拠調べを要する場合が減っていることが挙げられる。その評価は分かれるところであるが、この結果として、第一審判決の誤りについて十分な論証が控訴人からされない場合には、第1回の口頭弁論で弁論を終結し、直ちに控訴棄却の判決がされることも少なくないのが現状である。

(ⅱ) **控訴審の判決**　控訴裁判所は、控訴に理由がないとするときは控訴を棄却する（控訴に理由があっても、別の理由で原判決を維持できる場合も同様である）。逆に、控訴に理由があるときは、原判決を取り消して、第一審に事件を差し戻すか、自ら請求についての判決をする（**自判**）。控訴審は事実審であるので、原審の審理が十分でない場合には自ら審理して自判するのが原則であるが、第一審が訴え却

下の判決をしている場合など審理が不十分な場合には、審級の利益を保護する必要があるので、差戻判決がされることになる。控訴審の判決は控訴人の不服の範囲内でされるので、控訴人に不利益に原判決を変更することは許されない（「**不利益変更禁止の原則**」といわれる）。たとえば、100万円の支払を求めている原告の請求について、第一審判決が70万円の範囲で請求を認容した場合に、被告が控訴した控訴審では、仮に請求が全部認容できるという心証に達したとしても、そのような判決は、控訴人である被告にとって不利益となるので、することができない。処分権主義（⇒第3講参照）の控訴審における表れである。被控訴人が自分の有利に原判決を変更してもらいたいと考えるときは、自ら控訴するか、附帯控訴をする必要がある。

上告審

　控訴審判決に不服のある当事者は、さらに上告を提起することができる（なお、当事者の間で合意があるときは、第一審判決に対して直ちに上告をすることもできる〔飛越上告〕）。上告は、控訴審判決が地方裁判所である場合には高等裁判所に対して、高等裁判所の控訴審判決については最高裁判所に対して、提起される。

　(i) **上告理由**　　上告は、控訴と違って、主張できる理由が限定されており、事実認定に関する事由は上告理由とすることができない。このため、上告審は**法律審**とも呼ばれる。一般的に上告理由とすることができるのは、原判決に憲法の違反があることや原判決及びその手続の過程に極めて重大な不備があること（たとえば、除斥原因のある裁判官が関与した場合や訴訟代理人の代理権が欠けていた場合など）である。さらに、上告審が高等裁判所である場合には、原判決に法令の違反があることも上告理由とすることができるが、現行民訴法により、上告審が最高裁判所の場合には、法令違反が重要なもの

（判例違反その他法令の解釈に関する重要な事項を含むもの）でない限り、上告を受理しない扱いとされている（その詳細は、⇒**2**参照）。

(ii) **審理の特徴**　上告審の審理は書面審理が原則であるが、原判決を破棄するためには必ず口頭弁論の開催が必要とされる。これに対し、上告を棄却する場合には、口頭弁論を経ないでも上告棄却の判決をすることができる。このため、ある事件について上告審の口頭弁論が開かれると、破棄判決が予測される結果となっている。

　最高裁判所が上告審である場合には、まず最高裁判所調査官が事件を調査して報告書を作成し、それを踏まえて裁判官の合議がされるようである。上告裁判所は、上告を理由なしとするときは、上告を棄却し、理由ありとするときは、原判決を破棄する。上告審は法律審であり、事実認定の権限を有しないので、原判決を破棄したときは、原審に事件を差し戻すのが原則であるが、例外的に、新たな事実認定を要しない場合は破棄自判も認められる。自判をする場合には、控訴を棄却するか、第一審判決を取り消すことが考えられる。第一審判決を取り消した場合には、訴えに対する直接の応答（請求の認容・棄却等）を示さなければならないことになる。

2　三審制度の意義と限界

　以上のように、日本の上訴制度はいわゆる**三審制度**をとるものとされる。ただ、三審制度自体は憲法で定められているわけではなく、どのような審級制を採用するかは法律に委ねられている事項と解されている。事実審としての控訴審と法律審としての上告審を置くことは一種の歴史の知恵として多くの国でとられているものである。事実問題について2回の不服を認めることは過剰であり、訴訟手続

を無用に遅延させるおそれが大きいのに対し、法律問題については、通常1個の最上級裁判所による審判を保障し、判例の統一も併せて図るという考え方である。上訴の目的も控訴審では当事者の救済に尽きるが、上告審ではそれに併せて判例統一の目的が打ち出されることになる。ただ、とりわけ上告審をどのような態様のものとするかは、各国の上告審のあり方や期待される役割などによって異なってくるものである。

上告審のあり方

一般に大陸法諸国の上告審は、多数の裁判官から構成され、控訴審以下の通常の裁判所の延長線上にあるものである。構成裁判官も、下級審の裁判官から順次昇進して最上級裁判所の裁判官に就くことが多い。これに対し、英米法諸国の上告審は、少数の裁判官から構成され、控訴審以下の裁判所とは異なる意義を有していることが多い。構成裁判官も、下級審の裁判官から昇進するということは必ずしも一般的ではないようである（そもそも英米法国では、裁判官を弁護士等から選任する**法曹一元制度**がとられ、職業裁判官制度をとる大陸法国とは制度の前提が異なる）。日本の戦前の最上級裁判所であった「大審院」は、まさに大陸法系の制度であり、100名前後の裁判官から構成され、地方裁判所・控訴院といった下級裁判所の延長線上にある裁判所であった。これに対し、戦後創設された「最高裁判所」は、アメリカの制度に倣い、15名という少数の裁判官から構成され、またその裁判官も職業裁判官だけではなく、弁護士・検察官・外交官・官僚・学者等から広く採用され、全く異質の制度となっている。

裁判所の負担過重

以上のように、最高裁判所は戦前の大審院とは全く異質の制度となったが、それを支える訴訟制度、とりわけ上告の制度は、少なく

とも民事訴訟法においては、ほとんど改正がされなかった。そもそも英米法の国々でそのような少数の裁判官によって上告事件を処理することができるのは、極めて強力な上告制限の手続があるからである。アメリカの連邦最高裁判所は、**裁量上告**（certiorari〔サーシオレイライ〕）という制度により、広い自由裁量の下に、取り上げる事件を裁判所が選択することができ、それによって初めて9名の裁判官ですべての上告事件を処理することができるのである。それに対し、大陸法型の大審院を前提にした戦前の民訴法は上告制限の制度を知らず、法律違反を理由とした上告を広く認めていたところ、この点は戦後も（一時期は臨時措置法によって一定の上告制限がとられたが、それもやがて廃止され）維持された。その結果として、最高裁判所は慢性的な負担過重に悩まされる結果となったのである。

様々な対応策

このような最高裁判所の負担過重については、様々な対応策がとられてきた。そもそも上訴制度において、刑事とは異なり、簡易裁判所を第一審とする事件については、上告審を高等裁判所としていることは最高裁判所の負担軽減策として大きな意味をもつ。これにより、簡易裁判所事件は原則として最高裁判所の門前に到達しないからである（ただ、例外的に、法令解釈等について上告審である高等裁判所の見解が従来の最高裁判所の判例と異なるような場合には、最高裁判所に移送できるという制度はある）。

(i) **簡易裁判所の事物管轄**　そして、このような機能をより強化する方策としてとられたのが、簡易裁判所の事物管轄の拡大であった。1947年の創設当初5千円であった簡易裁判所の事物管轄の上限は、1954年に10万円、1970年に30万円、1982年に90万円と物価上昇率を上回る勢いで引き上げられ、2003年の司法制度

改革に伴う改正により、現在は140万円とされている。このような措置は、最高裁判所に対する上告事件の限定という意味では一定の成果を上げてきたが、他方では市民に身近な裁判所として設けられた簡易裁判所が「ミニ地裁化」する契機ともなったとして批判も受けた（ただ、近時の上限引き上げはむしろ少額訴訟など簡易裁判所の利用者からの好評を受けて、その利用可能性を拡大するとの趣旨を有する点に注意を要する）。

(ⅱ) **最高裁判所の機構改革**　以上のような形で最高裁判所に到達する事件を事実上減少させるという措置はび縫策の域を出ないことは明らかである。より抜本的な方策として考えられるのは、最高裁判所の機構の改革である。根本的には裁判官の数の少なさが問題であるとすれば、それを増やすことが考えられる。実際にこのような提案（裁判所法を改正して最高裁判所判事の数を増員する提案）もなされたが、最終的に多くの支持を得るには至らなかった。このような提案は、大審院とは異なり、最上級裁判所としての位置づけだけでなく、憲法裁判所としての地位も有する最高裁判所のあり方と両立しない部分があるからである。憲法裁判所であるためには、100名といった人数を擁することは考えにくく、また多様な意見の反映に必要な多様な構成を維持することもそのような多人数では事実上困難になろう。

　そのような観点から、裁判官の人数を増加させることは断念され、機構的な改革としては、裁判官を補助する役職、すなわち最高裁判所調査官を充実させる方向に向かうことになった。現在、最高裁判所調査官は、中堅・ベテランの職業裁判官で構成され、最高裁判所判事の負担軽減に大きな役割を果たしていることは間違いない。ただ、最終的に判決をするのは言うまでもなく裁判官だけであり、そ

の意味ではこのような負担軽減策も抜本的なものではない。

(ⅲ) 上告制限　　以上のように、様々な形での負担軽減策が工夫されてきたが、やはり最高裁判所判事の負担は重く、訴訟法上のより抜本的な対策が不可欠とされるに至った。そこでは、英米法型の基本に立ち返り、上告制限の措置が取り上げられることになった。これは、当事者の訴訟上の権利を直接制約する措置であり、その意味で批判も強かったが、背に腹は代えられないと考えられたものである。

　上告制限の方法としては、主に3つの方策がある。第1に、上告を受けるかどうかを完全に裁判所の裁量に委ねるアメリカ型の方式である。第2に、一定の要件、とりわけそれが重要な法律問題を含むかどうかで、上告を受理するかどうかを決める方式である。第3に、訴額など客観的な要件で上告の可否を決める方式である。大陸法において上告制限を定める場合は、裁判所の恣意を防止するため、第3の方式がとられることが多いが、日本は第2の方式を採用した。訴額だけではやはり事件の重要性は測ることができず、最高裁判所に課された判例統一の任務に鑑みれば、重要な法律問題について最高裁判所の判断が下される仕組みが相当と考えられたためである。

　これが上告受理の制度である。すなわち、最高裁判所は、原判決が最高裁判所の従来の判例に違反するなど「法令の解釈に関する重要な事項」を含むものに限って、上告審として事件を受理できるものとされる。これにより、最高裁判所の過重な負担を軽減し、真に取り扱うに値する事件のみを選別しようとする趣旨である。改正前は、上告事件の9割以上は定型的な理由（実務上「三行半（みくだりはん）」判決などと通称されていた）により簡単に棄却されていた一方、重要な事件の審理には5～6年を要する場合も決して珍しくなかっ

た。一見して理由がないと見られる上告理由の場合でも、裁判官としては一応原判決に誤りがないかをチェックする必要があったからである。それに対し、上告受理制度においては、原判決の誤りの有無は問題にならず、上告受理申立てで主張される法律問題の重要性のみを審理すればよいことになる。これにより、従来の状況は改善され、重要な問題に最高裁判所のエネルギーを集中して投入できる方向に向かっている。2003(平成15)年の最高裁上告事件の平均審理期間は5.3カ月、2年を超えた事件は全体の5.7％に止まっている。これによって、最高裁判所の判例形成がタイムリーになされることは、透明な法的ルールの形成という司法に期待される現代的な役割に鑑み、慶賀すべき事態であろう。

3　抗告と再審の現代的意義

　以上に述べてきたのは、判決に対する上訴の方法である。民事訴訟法上規定されている不服申立てとしては、これ以外に、決定・命令に対する上訴である**抗告**と、判決に対する非常の不服申立てである**再審**がある（そのほか、判決に対する憲法違反を理由とする非常の不服申立てである特別上告、決定・命令に対する憲法違反を理由とする非常の不服申立てである特別抗告もあるが、ここではふれない）。

抗　告

　まず、決定・命令に対する上訴として、抗告がある。決定・命令は、訴訟手続においては、その付随的な場面でされる簡易な形態の裁判である。そのうち裁判所がする裁判を**決定**といい、個々の裁判官がする裁判を**命令**という。決定・命令の場合、訴えに対する応答である判決に比べて、上訴も慎重な手続は不要であり、むしろ簡易

迅速に判断が下されることが重要である。そこで、控訴・上告という手続ではなく、独自の上訴の手続を設けている。それが**抗告**である。したがって、抗告審においては、口頭弁論の開催は必要的ではなく、決定で裁判がされる。

抗告には、2種類のものがある。1つは通常抗告といわれるもので、抗告申立てに期間制限はなく、また申立てが決定等の執行停止の効力を有しない。これに対し、**即時抗告**といわれるものは、抗告申立てに期間制限があり（原則として1週間）、その申立てにより原決定等の執行停止の効力を生じる。後者は法律の中で個々的にそれが許される場合が規定されており、重要な裁判に対して認められていることが多い。

以上のように、民事訴訟手続の枠内では、決定・命令というものはあくまで付随的な裁判であり、判決に比較すれば重要性に劣るものと理解される。その結果、従来、最高裁判所は抗告事件を一切扱わないものとされていた。すなわち、簡易裁判所のした決定・命令に対しては、地方裁判所に抗告ができ、さらに不服があれば高等裁判所に再抗告をすることができるのに対し、地方裁判所の決定・命令に対しては高等裁判所に抗告ができるだけであり、さらに最高裁判所に不服申立てはできなかったのである（また高等裁判所のした決定・命令に対しては、一切上訴はできなかった）。これは、決定・命令事件の非重要性と最高裁判所の上告事件による負担の過重を勘案した制度構成であったといえる。

許可抗告

しかし、最近は、訴訟事件以外の事件（広義の非訟事件）が社会的・経済的に重要性を増してきている。たとえば、民事執行事件、民事保全事件、破産事件、民事再生事件、会社更生事件、家事審判

事件等はすべて決定で裁判がされるところ、これらについて最高裁判所による判断の機会がなく、判例の統一が困難になっていた。実際、民事執行事件等における法の解釈について、高等裁判所の間で判断がまちまちになるケースも生じていた。このような状況において、現行民訴法の制定の過程で、決定事件についても判例統一の必要性が指摘されるようになった。

その結果として、導入されたのが**許可抗告**の制度である。これは、判決について上告受理制度の採用によって最高裁判所の負担を軽減した（⇒**2**参照）一方で、決定については新たに最高裁判所の審理を可能として、その余力の活用を図ったものである。ただ、すべての抗告について最高裁判所が判断するのは負担が重いので、高等裁判所が最高裁判所の判断を仰ぐ必要があるかどうかをまず審査し、高等裁判所が許可した事件のみを最高裁判所が取り扱うことにしている。

抗告を許可する要件は、基本的には上告受理の要件と同じであり、原裁判が最高裁判所の判例に反する判断を含む場合などの法令の解釈に関する重要な事項を含む場合である。このような場合に、高等裁判所の許可に基づき最高裁判所が審理判断をする。立法当初は、自ら裁判をした高等裁判所が抗告を許可するかどうかに疑問も呈されていたが、実際には、高等裁判所は比較的広く許可しているようであり、むしろ最高裁判所からは、判例統一に必ずしも適しない場合にも許可がされているのではないかという疑義も示されている。この制度によって、決定事件に関しても、判例の統一が積極的に図られているといえる（2008年の抗告許可件数は、58件である）。

再　審

以上のような通常の上訴とは異なる非常の不服申立方法として、

再審がある。これは、確定判決に重大な手続違反などがある場合に、判決を取り消す手続であるが、既判力制度の根幹に関わるものであり、再審事由は法律に限定的に列挙されたものに限られる。**再審事由**とされているのは、除斥事由のある裁判官が判決に関与した場合、裁判官に収賄等の犯罪があった場合、判決の基礎とされた証拠に偽造や偽証があった場合などである。これらは滅多に生じるものではないが、相対的に多い事由としては、当事者が適法に代理されていなかった場合、とりわけ訴状の送達が適法にされていなかった場合がある。近時の判例は比較的この再審事由を広く解しており、当事者の手続保障が著しく害されたような場合には、このような事由を類推して再審を認める傾向にある。ただ、刑事の再審の場合とは異なり、民事再審は判決後に新たな証拠が出てきただけでは認められないことに注意を要する。無罪の被告人の救済を何よりも重視する刑事訴訟に対し、民事訴訟では既判力をもって確定された法律関係の安定が真実発見よりも重要な価値を有しうることがここに表れている。

ただ、再審事由があっても、当事者がそれを上訴によって既に主張しているとき、また知りながら主張しなかった場合には、再審の申立てはできない。上訴で主張できた事由について安易に再審を認めると、やはり判決の確定による法的安定性が損なわれてしまうからである。また、刑事上罰すべき行為が再審事由となっているようなときは、当該行為について有罪判決が確定した場合または証拠がないという理由以外の理由で有罪判決を得ることができない場合（たとえば被告人が死亡して免訴となった場合など）にしか、再審の訴えを提起できない。証拠の偽造や偽証を民事裁判所が直接判断するのは負担が重く、相当ではないので、まず刑事裁判所の判断を得て、そ

れに従って民事の再審手続を進めることにしたものである。

　再審を申し立てる当事者は**再審の訴え**を提起することになる。裁判所が再審事由の存在を認めるときは、まず再審開始の決定をする。他方、再審事由がないと判断するときは、決定で再審請求を棄却することになる。これらの決定については即時抗告ができ、再審事由の有無はこの段階で確定する。再審開始の決定が確定すると、裁判所は本案の審理に入ることになる。

　そして、審理の結果、原判決が相当であると認められるときは、再審の請求を棄却する判決をする。他方、原判決が誤っているときは、当該判決を取り消した上で、改めて本案の判決をすることになる。再審事由があっても、原判決が相当であれば判決を取り消さないのは、仮に判決を取り消してしまうと、その判決に基づく強制執行等も効力を失い、債権者は配当を返還して改めて強制執行をしなければならなくなるが、余りに迂遠であるからである。

3 抗告と再審の現代的意義

コラム

● **不服申立て制度のあり方**——異議制度の意義と上訴の制限

　これまでの説明のように、判決については、控訴・上告という2回の不服申立てを許すのが伝統的な制度であった。しかし、このような伝統的上訴制度については現在様々な観点から例外が認められてきている。

　1つは、当初の裁判を簡易な形で出す代わりに、それに対する不服申立てを認めて、そこで本格的な審理を保障するという方式である。かつては被告が欠席した場合に直ちに原告勝訴の判決をする欠席判決というものがあり、それに対し、被告が「故障の申立て」という不服申立てをすれば、原状に復して通常の審理がされるという制度があった。現在これは廃止され、被告欠席の場合も通常判決がされ、通常の上訴の対象になる。しかし、似た制度として、証拠や期日を制限するなどの簡易な形で裁判をして、それに対して「異議の申立て」を認めて、通常の判決手続に復するとする制度が多く設けられている。民事訴訟法には手形・小切手訴訟の制度があり、倒産手続では否認の請求や役員の損害賠償の請求があり、犯罪被害者保護の制度として損害賠償命令も同様のものである。

　さらに、これと上訴の制限を組み合わせたユニークな手続として、少額訴訟がある。その詳細は後に述べるが（⇒第13講**2**参照）、異議の申立てによる通常訴訟を保障するが、そこでの判決に対しては、もはや通常の上訴を認めないものである。少額の事件の処理に求められる経済性と当事者の手続権（上訴権はその中核をなす）との調和をどこに求めるかは難しい課題であるが、「上訴の機会を多く保障すれば優れた訴訟制度である」という一般命題はもはや妥当しないと言うべきであろう。

第3部

民事執行・保全制度の理念と方法を学ぶ

Bridgebook

第 10 講
民事執行制度の社会的役割

1 経済社会における民事執行の意義

民事執行とは

　ここまで当事者の法的な利益を保護する制度として、民事訴訟の意義やその具体的な手続を見てきた。しかし、民事訴訟の中で原告勝訴の判決が出たとしても、あるいは被告に支払義務を認める和解が成立し、それが調書にとられたとしても、それはそのままでは一片の紙切れにすぎない。もちろん、被告が遵法精神の旺盛な人間で、自発的にそこで認められた義務を履行してくれれば、それに越したことはない。しかし、被告が判決等で認められた義務を任意に履行しない場合に、それを強制する手段がなければ、民事訴訟制度というものは存在意義を失うことになる。そのような強制手段が**強制執行**の手続である。その意味で、強制執行制度は、民事訴訟制度を背後から支え、その存在意義を担保する性質を有するものである。

　(i) **執行証書**　　ただ、民事執行の制度は、以上のような民事訴訟の補完を超えた意義を有する。まず、強制執行についても、その根拠となるのは、判決や訴訟上の和解など訴訟手続の中で形成される文書に限られない。たとえば、公証人が作成する公正証書に基づ

いて強制執行をできる場合がある。これを「**執行証書**」というが、債権者が債務者にお金を貸す際に、債務者が期日に返済しないときはそれに基づいて直ちに強制執行することを公証人の前で合意しておけば、訴えを提起しなくても、その執行証書に基づき強制執行の申立てをすることができる。これによって、債権者に迅速かつ廉価な救済の方法を与えるもので、消費者金融や中小企業金融等の場で実際にも活用されている。

（ii）**担保権の実行**　　また、民事執行は、強制執行のほかに、**担保権の実行**も含んだものである。民法は抵当権その他の担保権を定めているが、その実行方法としては（質権のように私的な実行が認められるものもあるが）、裁判所の手続によることになる。この手続は、債務名義に基づく強制執行と基本的にパラレルな手続となっている。ただ、債務名義のように権利の存在を公証するような文書は必要なく、抵当権の登記された登記事項証明書のような簡易な文書で実行できる一方、債務者側の不服申立ても、強制執行の場合のような訴訟手続までは必要なく、執行裁判所に対する簡易な不服申立てで足りるものとする。言い換えれば、簡易な形で手続開始を認め、簡易な形で手続の取消しも認めるという考え方である。

民事執行の社会的機能

以上のような民事執行は、裁判所（国家）を通した権利の実現として、理論的に極めて重要な意義を有する制度であるが、社会的に見ても、極めて重要な機能を果たすものである。仮に民事執行が十分に機能しないとすると、債務者が任意に債務を履行することも少なくなると考えられる。なぜなら、任意弁済しなくても、強制的に義務の履行を求められる可能性は低いことになるからである。そうすると、社会における債権、さらには契約の機能に重大なダメージ

が生じることになる。人は安心して取引をすることができなくなり、金融を始めとした経済活動全般が円滑に進まなくなるであろう。

　実際に、そのような状態が生じうることを示したのが、一昔前の不良債権処理の問題である。いわゆるバブル経済の時代に、金融機関は土地を担保として過剰な融資を行っていたが、土地価格の下落に伴い、その融資債権は不良債権化していった。金融機関の機能不全に伴い日本経済全体も停滞し、「失われた10年」が生じてしまった。不良債権の抜本的な処理は担保権の実行による損失の確定とその処理であるが、当事者の担保権実行手続が多くの執行妨害に直面し、十分に機能していないとの批判を受けたものである。そこで、1996（平成8）年と1998（平成10）年に議員立法で民事執行法の改正がされ、執行妨害対策がとられたが、そこには不良債権処理の方策としての民事執行制度の機能不全に対する政界・財界の強い苛立ちが見て取れるものであった。このように、民事執行が円滑に進むかどうかは、金融制度、さらには一国の経済活動全般に大きな影響を与えうるものである。

　(i) **抵当権実行の重要性**　以上の話からも分かるとおり、社会の実際において、重要な機能を果たす民事執行は、主として担保権の実行、とりわけ土地を目的とする担保権すなわち**抵当権の実行**である。これは、実際の与信においては、金融機関の融資が金額的にも内容的にも圧倒的に重要なものであり、その際には担保を取得することがほとんど常態であり、かつ、日本では土地の価格が高く、担保目的物としては圧倒的に土地のプレゼンスが大きいという事実を背景としたものである。

　もちろん強制執行が実際に行われることはあるが、強制執行、特に金銭執行においては、現実に配当まで至ることはそれほど多くな

い。なぜなら、強制執行に直面するような債務者については、既にめぼしい財産は概ね担保の目的に供されていることが一般的だからである。担保目的物に対して強制執行を申し立ててみても、担保権の被担保債権を全部弁済して剰余が出るような場合でない限り、強制執行は中途で取り消されてしまう。加えて、動産などは売却してみても実際には売れないことが多い（⇒**2**参照）。

　(ⅱ) **強制執行の間接強制的機能**　しかし、それでは強制執行には意味がないかといえば、そういうことはない。強制執行がされることにより、債務者の任意の弁済を促進する機能があるからである。つまり、差押えを嫌う債務者は、それを取り消してもらうために、親類・友人など、様々なところからお金をかき集め、差押債権者に弁済するということがある。なかなか弁済しなかった債務者も自分のなけなしの財産が差し押さえられたとなると、必死になって金策に走り回るというわけである。これはいわば「**強制執行の間接強制的機能**」というべきものであり、このような機能をどのように評価するか、意見は分かれるが、現実にこのような機能があり、債権者はそのような機能に期待して強制執行を申し立てる場合も多いと考えられる。

　(ⅲ) **債権回収の最後の手段**　他方で、現実社会では、民事執行は債権回収の最後の手段と考えられている。債務者から任意弁済を受けることがベストであり、仮に担保目的物を換価しなければ弁済資金を調達できない場合であっても、民事執行によるのではなく、まず任意売却によることを考えるのが通常である。それは、民事執行による売却は廉価な売却になりやすいからである。

　それでは、なぜ民事執行では廉価にしか売却できないのであろうか。不動産の場合を考えてみると、これにはいくつかの理由があろ

う。買受人が直ちに不動産を利用できるとは限らないこと、不動産内部の下見ができるとは限らないこと、代金を一括して納付しなければならないこと、不動産について前主や仲介者のアフターサービスが期待できないことなど通常の不動産マーケットとは異なる様々な問題点がある。また、競売物件はどうしても「傷物」というイメージがあり、日本では嫌われるところである。このため、任意売却による処分が重要性をもち、民事執行は任意売却もできない場合の最後の手段としての性格をもつことになる。

私的実行の可能性

 以上のように、国家権力が前面に立って行う執行手続には限界があるとすれば、当該執行に最も利害関係を有する債権者が中心となる、いわゆる「**私的実行**」が認められないかが問題となる。日本でも質権など一部の担保権についてはそのような私的実行が認められているし、諸外国などではより広く私的実行を認める国も多い。実際、私的実行によって、より迅速で高価な売却が可能になるとの指摘もある（⇒本講コラム参照）。また、私的実行ではなくても、行政機関が執行手続を行っている場合もある。執行の仕事は、権利義務関係の判断の問題もあるが、その中心はいかに目的物を高い値段で換価するかという大量的・画一的な業務である。それはむしろ司法というよりは行政の役割という側面が大きいとも考えられる。

 しかし、日本はもちろん多くの国では、実際には裁判所が主宰する民事執行が権利実行の中心的手続である。それでは、その理由はどこにあるのであろうか。これは、民事執行の中核を占める強制執行において、その根拠となる債務名義の中心が、判決という司法機関の作成する文書であったという沿革的な理由も大きい。しかし、それと並んで、やはり民事執行に内在する国家権力の行使について

は、最初から司法機関が介在することによって、権力の濫用及び人権の侵害を防止する必要が、特に大きいと考えられたことによるのではないかと思われる。もちろん行政機関の権限の濫用があった場合には、事後的に司法機関によって是正される可能性はあるが、民事執行によって自らの住居や経済的基盤を奪われる債務者にとっては、事後的救済では十分でないことも多いとすれば、事前に裁判所の関与を求めて、そのような事態の発生を防止するという制度構成には十分な理由があるといえよう。

2 民事執行の方法

　民事執行の方法としては、まず執行によって実現される債権の属性に応じて、**金銭執行**と**非金銭執行**が区別される（担保権実行と強制執行の区別もあるが、前者は必ず金銭執行であり、非金銭執行は強制執行にしかない）。すなわち、金銭債権を実現するために行われる民事執行が金銭執行であり、非金銭債権を実現するために行われる民事執行が非金銭執行である。たとえば、100万円の支払請求権を実現するためには金銭執行が行われ、建物明渡請求権、建物収去（取壊し）請求権や建築差止請求権を実現するためには非金銭執行が行われることになる。このうち、金銭執行はさらに執行の目的・対象別に区分がされ、**不動産執行・動産執行・債権**（その他の財産権）**執行**に分かれ、他方、非金銭執行は執行債権の種別によって区分がされ、**直接強制、代替執行、間接強制**に分かれる。

金銭執行

　金銭執行は、いずれにしても、債務者の財産を売却・換価し、その換価金を債権者に配当する手続である。そこで、執行手続は、ど

のような財産を執行の対象にするかによって区別されることになる。民事執行法は、そのような財産として、**不動産、動産及び債権その他財産権**に区分し、大きく3通りの執行手続を用意している。このような区別を設けているのは、不動産と動産とでは、その財産価値が大きく異なり、また対抗要件の具備の方法も異なる（不動産は登記によるが、動産は原則として占有による）などの相違から、異なる手続を設けるのが相当と考えられたためである。また、債権その他財産権については、とりわけその換価方法が不動産・動産等とは異なるため、やはり別個の手続を組んだものである。ただ、いずれの手続でも、目的財産の差押えによる現状凍結、その売却等による換価、そして換価金の配当という3段階に大きく分かれる点では共通する。

(i) **不動産執行**　　**不動産執行**の特徴としては、第1に、不動産が登記を対抗要件とする財産であることから、財産処分の凍結措置として行われる差押えが、登記に対する記入という観念的処分で行われ、その結果として執行手続を担当する機関（執行機関）も裁判所であるという点がある。第2に、不動産が高価な財産であり、債権者の責任財産としても重要なものであることを反映して、売却の前提として慎重な準備手続が行われることがある。具体的には、執行官による現況調査、評価人による評価、そして裁判所書記官による物件明細書の作成などが義務づけられている。第3に、不動産上の権利関係が複雑となりうることを反映して、権利者間の権利関係の調整が詳細に定められている点がある。抵当権等担保権と賃借権等用益権の優先順位などが重要な問題となる。第4に、不動産が重要な責任財産であることから、執行妨害を図る勢力が一部にあり（この問題の詳細は、⇒**3**参照）、それに対して、保全処分や引渡命令など妨害排除の手続が定められている。以上のような不動産執行、と

りわけ担保権実行としての不動産競売は、債権回収の実務においても重要な役割を果たしている。

(ii) **動産執行**　次に、**動産執行**は、動産を対象とする金銭執行の方法である。動産は、不動産に比べて、その価値は小さく、また日本では中古品市場の発展も十分ではないため、売却それ自体よりも差押えに伴う間接強制的な機能が実際上重要となっている（⇒**1**参照）。その意味で、差押えの段階で、どのような動産についての差押えを認めるか、換言すれば、差押禁止動産の範囲が重要な問題となる。民事執行法は差押禁止動産の範囲を詳細に規定し、現金66万円、債務者の生活に不可欠な衣服、家具、寝具、台所用具や1カ月間の生活に必要な食料・燃料、職業・営業にとって不可欠の物、学習に必要な書類、消防用の器具、避難器具などは、差押えが禁じられている。その結果、債務者にとって苛酷な執行を避けることができる（この詳細については、⇒**3**参照）。ただ、個別の債務者や事件の状況によっては、より広い範囲で**差押えの禁止**を認めるべき場合や上記のような動産にも差押えを認めてよい場合もあるので、個々の事件の裁判所の判断によって差押禁止の範囲を伸縮できることとしている。

(iii) **債権執行**　金銭執行の最後として、**債権執行**は、債権を対象とする。そのうち、最も典型的なものは、金銭債権を対象とする債権執行である。このような執行方法の特色としてまず、**差押禁止債権の制度**がある。その趣旨は差押禁止動産と同様であり、債務者の最低限度の生活の保護にあるが、具体的には、給料債権等の4分の1は差押えが禁じられる（ただし、33万円を超える部分はすべて差し押さえることができる）。

また、換価の方法もこのような執行方法の特色である。不動産や

動産は対象物を売却するが、金銭債権の場合には、差し押さえた債権を債権者が取り立てる方法が換価の基本となる。この方が簡易迅速な換価が可能となるからである。ただ、やや特殊な方法として、差押債権者が自らの差押えの根拠となっている債権に代えて、一種の代物弁済として、被差押債権を取得する、**転付命令**という制度もある。これは、差押債権者が自己の債権の喪失というリスクを背負いながら、差し押さえた債権から（他の債権者の介入を排除して）優先的な弁済を得ることを可能にする制度であり、いわばハイリスク・ハイリターンの回収方法を認めたものである。被差押債権の債務者の信用状態に問題がない場合（銀行預金債権など）に活用されている。

非金銭執行

非金銭執行は、前述のように、請求債権の性質によって執行方法が相違してくる。

(i) **直接強制**　まず、占有の移転を目的とする請求権の場合には、**直接強制**として、**引渡・明渡執行**が認められる。これは、文字通り、債務者に対する直接の強制を認めるものであり、執行官が債務者から対象物の占有を奪い、その占有を債権者に移転する方法で執行がされる。そこでは、まさに国家権力の裸の形での行使がなされることになる。特に不動産の明渡執行の場合、債務者は自己の生活や事業の基盤を強制的に奪われるわけであり、ときに全力を挙げて抵抗する。また、様々な手段で執行妨害的な行為が繰り広げられる舞台ともなる。現行法は、明渡執行を行う前提として、まず**明渡しの催告**等によって任意に債務者が明け渡すことを勧奨する制度を設け、できるだけ穏便な形で占有の移転が図られることを期待している。

(ii) **代替執行**　次に、対象となる請求権が代替的作為義務の場

合には、**代替執行**が行われる。代替的作為義務の場合には、実際に対象となる行為をするのは必ずしも債務者自身である必要はなく、重要な点はそこで命じられた最終的な結果が物理的に実現することである。たとえば、建物の収去の執行を考えると、建物が債務者自身の手によって取り壊されるかどうかは重要な問題ではなく、物理的にその土地上から建物が姿を消すことが重要である。そうだとすれば、債務者自身を強制して取壊しをさせる必要はなく、第三者の手によって取壊しをして、そのために要する費用を債務者から取り立てれば足りると考えられよう。そこで、代替執行の方法は、裁判所が当該行為をする権利を第三者に付与する決定（**授権決定**）を発令し、その費用を債務者に負担させる（債務者が任意に支払わない場合は当該決定を債務名義に金銭執行を行う）ことにしたものである。これによって、最終的には為す債務を金銭債務に転換する形態で強制執行を可能にしているともいえる。

(iii) **間接強制**　　最後に、**間接強制**がある。これは、典型的には、非代替的作為義務または不作為義務の強制執行として主に行われる。このような義務は、債務者自身がやらなければ意味のないものであるが、それを無理やりやらせることはできないので、「もしやらないならば、金を払ってもらうぞ」という脅しをかけて、その義務を間接的に強制するものである。たとえば、ある人の名誉を毀損するような記事を載せた雑誌を出版しようとしている出版社があるときに、その出版を差し止める債務名義に基づき、もし出版すれば、1000万円の金銭（強制金）の支払を命じることによって、間接的に差止めを強制するわけである。お金を払いたくないという、人間の心理に依拠するもので、実効的な執行方法として、最近は、明渡義務や代替的作為義務などにも適用範囲が拡大され、活用される傾向

にある。

3　債権者と債務者の利害のバランス —— 執行妨害と苛酷執行

　以上で見てきたように、強制執行や担保権実行は、実体権をもつ債権者の権利を最終的に実現する手段として、社会的にも法制度的にも必要不可欠な存在である。ただ、他方で、それは債務者の財産や、場合によっては、身体に対して物理的な強制力を行使するものであり、債務者に与える打撃には大きなものがある。法というものは常に相対立する利益をうまくバランスさせながら作っていくべきものであるが、この民事執行の制度を構築する際には特に、債権者と債務者の利害のバランスを慎重に考慮していくことが必要となる。具体的には、一方で債務者（及びその関係者）による不当な執行妨害を抑止して債権者の権利の実効性を確保できる制度を構築しなければならず、他方で債権者による苛酷な執行から債務者を保護できる制度を構築しなければならない。

執行妨害

　民事執行に**執行妨害**は付き物である。民事執行法の歴史は、執行妨害との戦いの歴史であると言っても過言ではない。債務者にとってみれば、民事執行というものは、自分の大事な財産を奪われたり、自分の住み家から追い出されたり、また自分のやりたいことを妨害されたりするわけであるから、できればそれに従いたくないというのは自然な人情である。ただ、執行機関の側は、国家の強制力を行使してくるので（執行官等が実力を行使することもあるし、執行官等では力が不足するのであれば、警察、はたまた機動隊の出動が要請されることすらある）、やむなく服従するのである。そこで、もしうまくそのような

権力の行使を免れ、執行を免脱できる方法があるのであれば、それが違法性を帯びたものであっても、その誘惑に抗し切れない債務者があっても決して不思議ではなかろう。

執行妨害が展開される1つの典型的な局面は、**不動産執行**の場面である。不動産という財産は、債権者からみれば担保価値の大きな重要な責任財産であるが、他方債務者からみても、それは通常、生活や業務の本拠となっているものであり、それを失うことによる打撃が甚大なものである。そこで、不動産に対する執行をめぐっては、必然的に激しい攻防が繰り広げられることになる。

(i) **競売の妨害**　執行妨害の方法としてはいくつかのものがある。まず、**競売を妨害**する類型である。これは、談合行為が典型である。すなわち、競売の参加者が談合をして、それぞれの物件について買い受ける人間をあらかじめ決めておき、安い価格で入札し、他の者は入札しない（あるいはもっと安い価格でしか入札しない）という方法である。これによって、談合参加者は廉価な買受けが可能になり、大きな利益を得る。このような談合が成立する条件は競売参加者が限定されているということである。そこで、談合参加者は、アウトサイダーが入札に参加しようとすると、皆で睨みつけたり、嫌がらせをしたりして、参加を事実上妨害する行為をとる。このような競売の妨害は、民事執行法制定前は盛んに行われていたが、現在は民事執行法によって、裁判所に来なくても郵送等で入札に参加できる期間入札の制度を導入したため、消滅した。いくら妨害者が強力でも、全国のすべてのポストの前で入札参加者を妨害することは不可能だからである。

(ii) **占有を利用した妨害**　このような妨害に代わって、民事執行法下で盛んとなった執行妨害として、**占有を利用した妨害**がある。

これは、不動産に占有者がいると、その価格が下落することを利用して、所有者との間で短期賃貸借等の契約を結び、それに基づく占有権原を執行手続の中で主張するものである。これが裁判所に認められれば、その賃借権は買受人が引き受けることになり、大幅に不動産価格が下落し、あるいはそもそも買受人が出ないことになる。それによって、所有者から立退きの手数料を受けたり、自ら安く買い受けて転売したりして儲けを得るものである。これを「**占有屋**」と呼び、多くの場合、反社会的集団と関連を有する者が業として行っていた。

　このような事態を打開するため、民事執行法の中では、売却前の保全処分という制度を設け、占有者が不動産の価格を下落させるような行為をする場合には、競売の前に、その行為を禁じ、またその占有を奪うことを可能とした。さらに、民法においても、「短期賃貸借」という制度自体が廃止され、いくら短期の契約であっても、抵当権設定後の賃借人は買受人に対抗できないものとされた。これらの措置の結果、執行妨害行為は相当に制圧されたものといってよい。ただ、執行妨害は「いたちごっこ」という側面を否定できない。妨害側は常に新たな手法を開発し、執行制度に挑戦してくるのであり、「もぐらたたき」ということになるが、常に適時適切に制度として対処していくことが今後とも重要であろう。

苛酷執行の防止

　以上のように、執行妨害を実効的に排除して、債権者の利益を適切に保護することは、民事執行制度に要請されているところである。他方で、執行制度はナマの形の国家権力の行使であり、債務者の利益に対する打撃は一般に大きなものがある。もちろん、債務者は債務を履行していない者であり、債務履行に必要な限度でその利益が

侵害されることは仕方がない。しかし、債務履行に必要な範囲を超えて、債務者の人格や財産を侵害することのないような配慮は必要不可欠である。前に説明した**差押禁止の制度**（⇒1参照）は、そのような苛酷執行の防止を図る第一義的な手段といえよう。自らの債務を履行しない債務者についても、その生活を維持するために必要最小限度の財産は残され、それによって生活保護など国の社会保障に負担をかけずに生きていくことが可能となる。2003年の民事執行法の改正では、債務者の財産に関する情報開示を進めるという観点から財産開示の制度が導入される一方で、現金に関する差押禁止の範囲が従来の21万円から66万円に拡大された。これはまさに、一方では債権者の権利の実効的保護を図るとともに、他方で苛酷執行になるおそれを回避しようとしたものということができよう。

求められるバランス

このように債権者の権利保護の要請と債務者に対する苛酷執行の防止の要請とは、常にそのバランスが問題となり、制度を構築する際にも、手続を実際に運用する際にも、十分な配慮を要するところである。どこまでが執行に必要でどこからが苛酷となるのかは、なかなか困難な判断であり、国や時代によっても変わってくる。たとえば、かつては差押禁止動産である「債務者の生活に欠くことができない衣服、寝具、家具、台所用具及び建具」についてかなり厳格な解釈がされていた時期もあったが、最近は、より緩やかな運用がされており、強制執行でも債務者に残される財産は相当多いようである。生活に不可欠であるという意味合いが時代の流れの中で変遷してきたものであろう。

また、フランスなどでは、建物の明渡執行について、冬季の執行を禁じる規定がある。その結果、冬季に入る直前に大量の強制執行

がされる一方、冬の間は空き家になっている建物にホームレスが避難する事態が生じる。日本では考え難いところであるが、「弱者」に寛容なフランス社会の特徴を反映した苛酷執行防止の措置といえよう。このように、苛酷執行防止という観点でも、各時代の「苛酷」の感覚や諸外国の動向などに常に注意を払いながら、制度や運用を考えていく必要があろう。

> **コラム**
>
> ● 競売手続の「民営化」——非司法競売の当否
>
> 　最近、不動産競売手続の「民営化」という議論がされることがある。これは、国が競売制度を独占していることは相当ではなく、この分野でも規制緩和により民間活力の活用を図るべきであるというのである。これは、一見、国家権力の行使の究極的な場面である執行手続について、民間に委ねるという奇異な発想とも見られる。しかし、考えてみれば、競売において不動産を売却するという局面は、普通はマーケットで不動産会社が行っていることであり、民間に委ねるということは十分ありうることである。実際、アメリカでは、担保権者その他の者が裁判所によらずに競売を進める制度（**非司法競売**）が相当に普及しているとされる。
>
> 　この問題は、現在当然に国が担当している事務を、どこまで民間に委ねることができるかについて興味深い考察材料を提供するものといえよう。競売においては、不動産の売却という側面だけではなく、その前提となる情報の収集や価格の設定、違法な占有者の排除などの側面もあり、そこには権力行使としての面があることも間違いない。また、債権者（担保権者）と債務者（所有者）の合意による規律を許すことは、融資時に交渉力の強い前者を不当に利する結果になりやすい。そのような問題点を考えると、無条件に「民営化」を受け入れることは困難であろうが、競売＝権力行使という「思い込み」を反省し、虚心坦懐に**国と民間の役割分担**という観点から、もう一度様々な問題を検討してみること自体は有益な作業であろう。

Bridgebook

第 11 講
民事保全制度の社会的役割

1 民事保全制度の必要性と種類

　訴訟には時間がかかる。訴えを提起してその日のうちに判決を出すという制度はありえなくはないが、現実には不可能であるし、相当でもない。当事者の権利義務関係を最終的に確定し（既判力を有し）、債務者に対して強制力をもつ（執行力を有する）判決という結果を出すためには、必要な手続保障を経なければならない（⇒第4講参照）。

民事保全制度の存在意義

　そして、当事者の手続権を保障するためには、必然的に一定の時間を要することになる。最近は訴訟手続の迅速化が進んでいるものの（⇒第3講参照）、なお一審判決までの平均審理期間は7カ月程度かかっている。

　他方で、訴訟において保護が求められる法律関係や権利の内容に鑑みると、判決までの時間の経過によってその実現が困難になる場面というものが考えられる。たとえば、原告が被告に金銭の支払を求める場合に、訴訟手続が続いている間に、被告が自分の財産をすべて処分・隠匿しようとしているとする。この被告の目論見が功を奏すれば、原告が判決を取得して、いざそれを執行しようとしても、

その時点では被告の責任財産がすべてなくなっているという「蛻の殻」の状態になりかねない。また、原告が自分の名誉を毀損する出版物の差止めを求めようとしているとする。しかし、その出版物は1週間後の出版が予定されているとすれば、判決が出たときには、もう出版がされて被告の名誉は毀損されてしまっていることになりかねない。このような事態の発生を防止する点に民事保全制度の存在意義がある。

仮差押え

まず、原告が金銭債権を有しているが、被告が自分の責任財産を処分・隠匿してしまうおそれがある場合を考えてみよう。この場合には、原告は、訴え（金銭給付訴訟）を起こす前に被告の財産について仮差押えを求めることになる。前に述べたように（⇒第10講参照）、金銭の給付判決を得た原告は、それを債務名義として、被告の責任財産に対して強制執行をすることができる。それは、まず被告の財産を特定して差押えをし、その後に売却をするというものである。

しかし、そのような訴えを提起された被告は、自分が敗訴することを慮り、差押えの対象となりそうな財産を第三者（親族、友人等）に処分したり、見つけにくい場所（銀行の貸し金庫等）に隠匿したりして、判決が出ても強制執行ができないような状態を作り出すおそれがある。そのような処分がされると、それが詐害行為取消権の要件を満たす場合には取消しも可能であるが、通常、それを立証するのは難しく、長期の訴訟を要するおそれがある。また、やはり前に見たように、日本の執行手続では、債権者の方でまず執行対象財産を特定する必要があり、刑事訴訟のように強制的に債務者財産を捜索する権限は債権者に付与されていないので、財産が隠匿されると実際上執行は困難になる。

このような事態を防止するため、債務者の財産を仮に差し押さえるのが**仮差押えの手続**である。これによって、債務者が財産を処分することは禁じられ、動産等については執行官が保管をすることで、財産の隠匿も防止できることになる。ただ、これはあくまで「仮」差押えであるので、その財産を売却して実際に債権を回収できるのは、債権者が債務名義を取得して強制執行に移行した後に限られる。

係争物に関する仮処分

次に、仮処分の一種として、**係争物に関する仮処分**がある。これは、ある物（主に不動産）の所有権や占有権に争いがある場合に、とりあえずその現状を固定しておき、その結果としてその物をめぐる訴訟の当事者を固定することを可能にする仮処分である。

たとえば、土地の売買契約が無効であると主張して、売主が買主を相手方に所有権移転登記の抹消登記手続を求めるとしよう。この場合、訴訟の係属中に、買主がその土地を第三者に譲渡し、移転登記がされたとすると、将来売主（原告）が勝訴したとしても、買主への登記を抹消することはできなくなる。なぜなら、その場合には、買主から譲り受けた第三者に対しても抹消登記に同意する旨の債務名義を得なければならないからである。つまり、抹消登記手続請求の原告としては、訴訟手続中に被告がその登記を第三者に移転しないかを常に見張っていなければならないことになる。建物の明渡しの場合も全く同様である。明渡請求訴訟の係属中に、建物の占有者が第三者にその占有を移転すると、元の占有者に対する債務名義では新たな占有者に対して強制執行をすることができず、後者を前者に対する訴訟に引き込まなければならない（訴訟引受け）。

そこで、このような類型の訴訟における原告の負担を軽減するために設けられたのが、この係争物仮処分の制度である。抹消登記の

例のような場合には、売主は買主に対して処分禁止の仮処分をかけることができ、これをかけておけば、その後に所有権移転の登記があっても、売主は買主に対する債務名義に基づき第三取得者との関係でも単独で登記抹消手続をすることができる。また、明渡しの例では、原告は、占有者に対して占有移転禁止の仮処分をかけておけば、新たな占有者がその後に出てきても、その占有者を元の占有者に対する判決に基づき排除することができる。そして、このような仮処分は登記や掲示によって公示され、新たな買主や占有者はそのような仮処分がされていることを知ることができるように配慮されており、そのような紛争の存在を分かって承継人の地位に立った以上、判決の効果を受けてもやむをえないとするものである。

仮の地位を定める仮処分

最後に、仮の地位を定める仮処分というものがある。これは、様々な類型がある、かなり特殊な民事保全であるが（仮の地位を定める仮処分には、民事保全の一般的な原則が妥当しないことも多い。⇒**2**参照）、一般的に言えば、訴訟が一定期間継続する結果、そのままでは、判決が出た時点では、原告の権利救済が実質的に無意味になりかねないような場合に、原告に一定の法的地位を仮に形成し、判決の効果を維持するような仮処分である。

たとえば、原告の名誉を毀損するような出版物が1週間後に発刊されようとしている場合、その差止めを求めて訴えを提起すれば、その判決が出るまで数カ月を要することは明らかである。しかし、それではその間に出版がされてしまい、原告の地位は救済されない（損害賠償は可能であっても、名誉が毀損されてしまうこと自体は避けられない）。そこで、そのような出版を仮に差し止めてしまい、原告の地位を実効的に救済することを可能にするわけである。

また、労働者が不当に解雇されたと主張している場合、解雇無効確認訴訟を提起することはできるが、その判決に1年かかるとすると、その間もその労働者は食べていかなければならないので、結局どこかに勤めなければならないことになる。そうすると、解雇無効の判決が出たとしても、もうその時点では新しい職場に馴染んで元の職場に戻ることは実際上できなくなっている可能性も大きい。それでは判決の実質的な意味がなくなってしまう。そのような事態を防止するため、労働者としての地位を仮に認め、賃金の仮払いを使用者に命じる仮処分がされることになるわけである。このように、仮の地位を定める仮処分は極めて多様なものであり、多くの場合には、原告が勝訴したのとほぼ同じ状態を仮処分で実現することになる（そのようなものは「満足的仮処分」とも呼ばれる）。

　以上のような仮の地位を定める仮処分については、暫定的な判断ではあるものの、事実上そこで紛争が解決されてしまうことが多い。たとえば、前述の出版差止めの例で考えてみよう。1週間後に出版される雑誌の差止めを求める場合、これは本案訴訟ではそもそも権利実現が不可能と言ってよい（出版がされてしまうと、後はせいぜい損害賠償の問題が残るだけである）。他方で、仮の地位を定める仮処分として、出版が差し止められると、仮に本案訴訟でその判断が覆るとしても、それは半年先、1年先のこととなり、その時点でその雑誌が出版できることになったとしても実際上意味はないことが多い（記事の多くは時代遅れになっているであろう）。この場合には、結局、仮処分における判断で、その紛争が事実上解決してしまうことになる。

　このような事態は、他の分野でも多く生じうる。それは、経済活動・社会活動のスピードが増せば増すほど、早い段階での裁判所の判断が、実際上重要な意味をもち、経済的な観点から決定的な意義

をもつようになるからである。そして、裁判所の方も、そのような社会的ニーズに沿って、仮処分の中で相当に慎重な判断をすることになる。一時は、その結果として、仮処分の審理に長期間を要するという事態も生じていたが、それでは逆に仮処分の意味がなくなる。そこで、現在は、このような類型の仮処分であっても、密度の濃い審理をしながらスピード感をもって判断するという運用が一般的であり、そのことがさらにこのような仮処分に対する社会的な期待を高めるという結果をもたらしていると見られる（この点については、⇒本講コラム参照）。

2　民事保全手続の基本的な原則

　民事保全手続の意義については以上で見てきたが、そのような意義を有する民事保全については、通常の訴訟の手続とは異なるいくつかの特徴的な原則がある。ここではそれらの基本的な原則について説明することにする。ただ、**1**でも示したように、同じ保全処分と言っても、仮差押え及び係争物仮処分と仮の地位を定める仮処分とでは相当にその性質を異にする。以下では、まず前者の保全処分（典型的な民事保全）の基本的な原則について見た後、それが後者においてどのように変容しているのか（妥当しないのか）について概観してみることにしよう。

保全処分の基本原則

（i）**迅 速 性**　　第1に、**迅速性**である。**1**でも見たように、民事保全は、本案訴訟にある程度時間が掛かることを前提にして、そのようなタイムラグを補う制度として存在するものである。したがって、スピードは民事保全の生命線である。このような特色を実現す

るため、保全手続には様々な工夫がされている。最も重要な点は、民事保全の命令を出す際には、決定の手続で行うことができること、言い換えれば口頭弁論を開く必要がないという点である。口頭弁論を開くためには、まず法廷を確保し、一定の準備期間をあけて当事者を呼び出さなければならない。それだけでもかなりの時間を要することになる。しかし、1で挙げた出版差止めの例などからも明らかなように、保全処分においてはそのような時間を猶予することすらできない事件が数多くある。したがって、裁判所が必要と認めれば口頭弁論を開くことはできるが、必ずそれを開かなければならないという形にはなっていない。実際にも、口頭弁論が開かれることは皆無に近いとされる。

(ii) **暫定性・付随性**　　第2に、**暫定性・付随性**である。民事保全は、その制度の前提として、本案についての最終的な判断がされることを予定しており、その結果として保全処分でされた判断が本案訴訟で覆されることを織り込み済みのものである。したがって、保全処分がされたことは本案の結果に影響するものではない。その意味で、民事保全は、あくまでも本案に関する判決がされるまでの「つなぎ」のもので、本案訴訟に付随する性質を有する。それを制度的に示すのは、本案の起訴命令の制度である。これは、保全処分を受けた債務者が裁判所に申し立て、債権者に対して一定の期間内に本案訴訟を提起するように命じてもらい、もしその期間内に訴えが提起されない場合には、保全処分を取り消してもらうことを可能にした制度である。諸外国では、保全処分が出された後、一定期間内に必ず提訴しなければならないとされている例もあるが、日本法は、保全処分後に債権者・債務者間で裁判外の交渉がされることも想定し、そのように必要的に本案訴訟を提起する仕組みは採用しな

かったものの、債務者からの申立てにより、本案訴訟の提起か保全処分の失効（取消し）かを債権者に選択させることにして、保全処分の暫定性を明確にしたものである。

(ⅲ) **密 行 性**　第3に、**密行性**である。民事保全は、前述のように、本案に至る「つなぎ」の処分であるが、そのような処分が発令されることが事前に債務者に察知されると、債務者がそれに対して妨害の策動に出るおそれがある。たとえば、債務者による責任財産の処分を恐れて債権者が仮差押えの申立てをしたところ、それがもし事前に債務者に通知されるとすると、債務者は急いでその財産を処分・隠匿するおそれが生じよう。そのような事態が生じないようにするためには、債務者に事前に知らせずに保全処分を発令する必要があることになる。この点は、通常の裁判の手続保障の考え方からすると、問題があるようにも思われる。しかし、以上のような密行性の必要の大きさに鑑み、民事保全における手続保障の要請は後退せざるを得ず、また前述の暫定性（＝本案訴訟の中で本格的な手続保障が付与されること）も考慮し、**3**で見るような事後的な不服申立ての手続の保障で債務者の手続保障は十分であると制度的に決断したものである。

仮の地位を定める仮処分での異なる取扱い

以上は、通常の民事保全の手続の特徴であり、これらは仮差押え及び係争物仮処分については良く妥当する。それに対し、仮の地位を定める仮処分においては必ずしも妥当しない場面も多い。

(ⅰ) **迅 速 性**　まず、**迅速性**については、仮の地位を定める仮処分については、口頭弁論の開催は必要的ではないものの、少なくとも債務者の立ち会うことができる審尋の期日を経なければ仮処分の発令はできないものとされており、必然的に一定の時間を要する形

になっている。これは、仮の地位を定める仮処分が多くの場合、本案の権利を実現する満足的仮処分となり、債務者の権利・法益に大きな打撃を与えるものであることを考慮し、債務者に十分な手続保障の機会を与える趣旨に出たものである。実際にも、従来、労働仮処分の場合などを中心に、「**仮処分の本案化**」という現象が見られ、実質的に本案訴訟と変わらない形で、数年に及んで仮処分の手続が行われるという事態もあったとされる。現在の民事保全法の下では、このような仮処分についても迅速な発令が要請され、現実の運用でも相当に迅速化が図られているが、なお仮差押えなどとは、同じ迅速性といっても相当に異なる取扱いになっていることは否定できない。

(ii) **暫定性・付随性**　次に、**暫定性・付随性**についても、仮の地位を定める仮処分については相当に異なる側面がある。前述のように、仮の地位を定める仮処分は、多くの場合、満足的仮処分として本案で実現されるのと同じ利益を債権者に付与することになる。また、一定の期間が経過すると、保全処分を取り消しても実際上意味がないケースも多い。前に述べた名誉毀損の出版物の場合が典型であり、いったん仮処分が発令されると、1年後にそれが本案訴訟で覆されても、もはや実質的には意味はない。このような場合には、仮処分の段階で事実上紛争について最終的な決着がつき、付随性・暫定性は形式上のことにすぎなくなる。あるいは、日照権を侵害するとして、マンションの建築差止めの仮処分が発令された場合、建築業者としては、本案訴訟で長期間争うと、その間の工事中止のコストは莫大なものになることが多い。このような場合は、建築計画を変更するなどして住民との間で和解が成立することも多い。そのような形になると、最終的には本案訴訟に至らずに紛争の解決が図

られることになる。このように、仮の地位を定める仮処分では、結局、仮処分が主戦場となり、そこで紛争の決着が図られ、残された本案訴訟にはほとんど意味がないという場合が多くあり、実質的に見れば暫定性・付随性は妥当していないとも考えられよう。

(ⅲ) **密行性**　最後に、**密行性**であるが、この点については、既に見たように、仮の地位を定める仮処分では、法律上、債務者の立ち会うことができる審尋の期日を経なければ仮処分の発令はできないものとされている。これは、前述のように、債務者の手続保障に配慮したものであるが、密行性を放棄したものといえる。仮の地位を定める仮処分では、債務者に通知をすることによる妨害行動のおそれが相対的に小さいことが多い（たとえば、出版禁止や建築禁止の仮処分の申立てが知らされたとしても、通常、急いで出版や建築をするにしても限界があろう）という事情もあろう（ただ、例外的に、債務者の妨害行為のおそれがあるときは、債務者に知らせずに発令することも可能とされている）。その結果、口頭弁論までは保障されないものの、仮の地位を定める仮処分の審理の形態は通常の訴訟手続にかなり近づくことになる。

3　民事保全手続の大きな流れ

　民事保全の手続は、前に述べたその基本的な原則（⇒**2**参照）を踏まえた形で、民事訴訟及び民事執行の特則を形成するものになっている。まず、民事保全の手続は大きく、**保全命令の手続**と**保全執行の手続**とに分かれる。

保全命令の審理対象

　保全命令の手続において中心的な審理・判断の対象となる事項は、**被保全権利**と**保全の必要**である。保全処分は、債権者に被保全権利

があり、保全の必要がある場合に限って発令されるものである。

(i) **被保全権利**　まず、**被保全権利**とは、保全処分の基礎をなし、本案訴訟において訴訟物となるはずの債権者の権利である。このような権利の存在がある程度の蓋然性でもって認められて初めて、債権者を救済し、債務者の利益を侵害しうる仮の措置をとる正統性が認められる。仮差押命令の場合には、被保全権利は金銭債権となるし、係争物仮処分の場合には、係争物に関する給付を求める請求権であり、処分禁止の仮処分であれば登記請求権、占有移転禁止の仮処分であれば明渡し・引渡しの請求権ということになる。そのほか、仮の地位を定める仮処分では、事案に応じて多様な請求権が被保全権利となりうる。

(ii) **保全の必要**　他方、**保全の必要**は、本案訴訟の判決がされる前に、暫定的な措置を講じることを必要とする事情である。仮に被保全権利が認められても、本案訴訟の結果を待って救済すれば足りる権利であれば、あえて民事保全による必要はないからである。仮差押命令の場合は、債務者の責任財産の減少によって金銭債権の強制執行が不能または著しく困難になるおそれのあることであり、係争物仮処分の場合は、係争物の現状の変更（処分、占有移転等）により給付請求権を執行することが不能または著しく困難になるおそれのあることである。他方、仮の地位を定める仮処分では、権利関係に争いがあることによって債権者が著しい損害を被りまたは急迫の危険に直面しているため、本案判決を待たずに暫定的に権利関係または法的地位を定める必要のあることが保全の必要となる。

　債権者は、保全命令の発令を求めるには、自己に被保全権利があり、かつ、保全の必要があることについて疎明しなければならない。保全処分の迅速性に配慮して、証明までは必要なく、疎明があれば

発令できることにしている。また、前述のように、その審理の手続においては、口頭弁論を開く必要はなく、決定によって判断がされる。実際にも、口頭弁論が開かれることはなく、仮差押えや係争物仮処分では、債権者の審尋だけで保全命令が発せられることが一般である。これに対し、やはり前述したように、仮の地位を定める仮処分においては、原則として、必ず債務者の立ち会うことのできる審尋の期日を開かなければならない。ただ、例外的に、たとえば、出版禁止の仮処分の申立てで、事前に債務者を審尋すると、出版物がすぐに頒布されてしまうおそれがあるような場合には、債務者の審尋を経ずに仮処分を発令することも認められる。

担 保

　債権者の申立てを認めるときは、保全命令が発せられる。**保全命令**は、担保を立てさせないで発令することもできるが、通常は担保を立てさせて発令する。この担保とは、誤った保全命令によって債務者に損害が生じてしまった場合に、債務者の債権者に対する損害賠償請求権を担保するためのものである。既に述べたように、民事保全は暫定性をもつものであるので、本案訴訟においてその結果が覆されるおそれが常にあるが、その場合には債務者に損害が生じることが通常である。たとえば、仮差押えや仮処分によって債務者の不動産の処分が禁止された結果、値上がりした時期にそれを売却できず、債務者に逸失利益が生じることがある。また、建築禁止の仮処分によってマンションが建築できなかった結果、建築資金の融資の利息を無駄払いすることになるおそれがある。そのような場合に、債務者の損害を賠償するためにこの担保の制度が存在する。

　担保の額は、以上のような趣旨を考慮して、裁判所の裁量により定められるが、通常一定の基準に基づいて定められる。なお、例外

的に、債権者に十分な資力がない場合に、特にその救済の必要性が大きい事件、たとえば、労働者の地位保全仮処分や、交通事故の損害賠償請求権を被保全権利とする生活費の仮払いを求める仮処分などでは無担保で保全命令が発令されることもある。

保全異議

保全命令の申立てに対する裁判がされると、それに対する**不服申立て**が可能である。不服申立ての方法はかなり複雑なものである。まず、保全申立てを却下する決定に対しては、即時抗告をすることが可能である。

これに対して、保全命令を発する決定に対しては、まず**保全異議**の申立てをすることができる。これは、保全命令を出した同じ裁判所に対する不服申立てであり、上級審に対する上訴ではない。このように同一審級の中で不服を申し立てさせるのは、保全命令の手続では、前述のように、債務者に防御の機会が与えられているとは限らず（むしろ密行性の要請が働く通常のケースでは、債務者に知らされずに発令されるのが一般的である）、その場合に、いきなり上級審に不服申立てをすることにすると、債務者が審級の利益を失ってしまう結果になるからである。そこで、保全異議という形で、もう一度第一審で債務者が主張立証を展開し、防御活動をすることを認めたわけである。そして、保全異議の決定に対して不服がある当事者は（債権者であれ債務者であれ）保全抗告を申し立て、そこで初めて上級審の審理を受けることになる。

保全取消し

このような通常の不服申立てとはやや異なるものとして、**保全取消しの制度**がある。

（i）**本案訴訟の不提起による保全取消し**　いくつかの種類があ

るが、第1に、本案訴訟の不提起による保全取消しである。これは、前に述べたように、民事保全の暫定性に基づくもので、債務者の側から裁判所に申し立てて起訴命令を出してもらい、それに反して債権者が相当期間内に本案の訴えを提起しない場合に、保全命令の取消しを求める制度である。

(ⅱ) **事情変更による保全取消し**　第2に、事情変更による保全取消しである。これは、保全命令の発令要件である被保全権利と保全の必要について、保全命令後にその要件が消滅してしまった場合に、保全命令の取消しを認める制度である。たとえば、保全命令の発令後に、債務の弁済によって被保全権利が消滅したような場合や債務者の財産状態が改善して保全の必要がなくなってしまったような場合である。このような場合にまで保全命令の効力を維持することは相当ではないので、債務者の申立てにより保全命令を取り消すこととしたものである。

(ⅲ) **特別の事情による保全取消し**　第3に、**特別の事情による保全取消し**である。これは、仮処分命令により償うことができない損害が債務者に生じるおそれがある場合に、担保の提供を条件に保全命令を取り消す制度である。これは、仮処分が債務者に著しい損害が生じる場合がありうることを前提にした特別の取消しのシステムであり、たとえば、債務者の事業用財産の占有移転禁止の仮処分などで債務者の事業が倒産してしまうおそれがあるような場合に、特別に仮処分命令の取消しが認められる。

保全執行

以上のような形で保全命令が発令されると、その執行が問題となる。具体的な執行の方法は基本的に民事執行とパラレルなものになっている。仮差押えは、民事執行における差押えの方法による

(たとえば、不動産の仮差押えであればその旨の登記がされ、債権の仮差押えであれば第三債務者に送達がされる)。仮処分は、それぞれの態様に応じて、それに適合的な執行方法がとられる。不動産の処分禁止の仮処分であればその旨の登記がされるし、不動産の占有移転禁止の仮処分であればその旨の掲示が対象不動産の上にされることになる。これらの公示によって、当事者恒定の効果が生じることは前に述べたとおりである。仮の地位を定める仮処分のうち、たとえば、建築禁止の仮処分や出版差止めの仮処分は、間接強制の方法によって執行されることになる。また、賃金仮払の仮処分など満足的仮処分については、通常の金銭債権の民事執行における実現と同様に、金銭執行として実現されることになる。

コラム

● 仮の地位を定める仮処分の本案代替化

　本文でも見たように、仮の地位を定める仮処分は、民事保全の中でもかなり特殊なものであり、民事保全の通常の原則が妥当しないことが多い。とりわけそれが満足的な性格を有するものであることから、その審理も本案に近い慎重なものになりがちである。その結果、いったん保全命令が発令され、執行されると、債権者としてはその目的を達成し、本案訴訟を提起するインセンティブを失うし、債務者側としても、本案と変わらない審理を経た上で債権者の被保全権利が認められているので、今さら起訴命令によって本案訴訟を求めても結論が変わる可能性は小さく、あえて本案審理を求めないという対応になることも多い。そうすると、結局、本案訴訟は提起されず、保全段階で紛争が完全に解決されることになるが、それを前提にすると保全の審理はさらに慎重にならざるをえないことになる。

　このような**仮処分の本案化**については、評価が分かれるところである。少なくとも、その審理に過度に慎重になる余り、保全による迅速な保護の要請を無視したような長期の審理が行われることは相当でないという点に異論はないと解される。民事保全法制定前に本案化の象徴であった労働仮処分については、近時迅速化が著しいとされる。ただ、仮処分の審理の中で、濃い密度で当事者が言い分を交換し、その結果として裁判所の出した命令に対して当事者が満足し、本案訴訟に行かずに紛争が解決するとすれば、それはむしろ望ましいことと評価できる（これを従来型の「本案化」に代えて「**本案代替化**」と表現されることもある）。仮の地位を定める仮処分では、このような濃密な審理の中で当事者の手続保障がより実質的に保障されているという見方もありえないではない。その運用には慎重さが必要であることは確かであるが、このような仮処分の「本案代替化」の現象については、理論的にも注目すべき部分があると言えよう。

第4部

現代型民事訴訟の特徴と特別の民事裁判手続

Bridgebook

第 *12* 講
大規模訴訟や専門訴訟の困難さと対処方法

1 大規模訴訟の問題とそれへの対応

　大規模訴訟とは、当事者の数が多数に上り、その訴訟の社会的な影響も大きな事件を一般的に指す言葉としてここでは用いる。そのような大規模訴訟は、その対象によってさらにいくつかのものが想定できる。

　公害訴訟と立証の問題

　まず、日本において最初に大規模訴訟として大きな注目を集めた類型として、**公害訴訟**がある。これは、1960年代の高度成長期において、水俣病、イタイイタイ病、四日市喘息など大規模な公害事件が頻発し、その解決のために民事訴訟が利用されたことによる。このような事件をきっかけとして、公害防止のための立法措置等もとられたが、既に発生している公害による損害の賠償については、司法による解決が選択されたわけである。このこと自体は、（その背景に実際には立法・行政の被害者救済に向けた動きの鈍さがあったとしても）国家権力の役割分担のあり方として相当なものと言うことができよう。ただ、民事訴訟の側には、このような大規模で困難な不法行為訴訟を受け入れる十分な実務的・理論的な受け皿ができていなかったこ

とも否定できない。その結果、このような訴訟の提起を機に、民事訴訟法の実務・理論に様々な新たな課題がつきつけられることになった。

　その中でも、最もシリアスな問題となったのは、証明をめぐる課題であった。民事訴訟の証明論の基本は、前に述べたとおり（⇒第7講参照）、証明責任による判断である。ある事実について証明責任を負う当事者がその事実を高度の蓋然性をもって証明できなければ、判決ではその事実はないものとしてその当事者に不利な判断がされる。そして、不法行為事件においては、加害者の過失やその過失と損害との因果関係などの事実については、被害者側が証明責任を負うとされる。ところが、このような訴訟では、被害者側には証拠がほとんどなく、実際には立証は極めて困難となり、通常の民事訴訟の実務・理論の扱いをそのまま適用したのでは、被害者保護が図られない可能性が大きい。

　そこで、実務・理論の側で様々な工夫がされた。**証明責任の加害者側への転換**や**証明度の軽減**（高度の蓋然性に至らなくても証明があったものとみなすこと）、**一応の推定**（一定の外形的な事実から過失等を事実上推認すること）などの工夫や、被害者側の立証手段を拡充するため、**文書提出命令の要件の緩和**などが図られた。このような工夫にはその後法律の改正に繋がっていったものも多くあるし、また証明論一般について理論的に多くの進展をもたらすことになった。以上のような公害事件は、やがて立法的・行政的な規制が強まり、全般的には沈静化していった（ただ、後述のように、現代でも広い意味で環境訴訟という形をとって再現している部分はある）。

消費者訴訟

　その後に、大規模訴訟として、1つの問題となっているものとし

て、**消費者訴訟**がある。これにも様々な類型があるが、加害者企業が提供する商品やサービスの質に問題がある場合（食品による健康被害、欠陥住宅による被害等）や、加害者企業の契約の中身やその締結方法に問題がある場合（老人に対して次々と高額の商品を買わせる商法、豊田商事事件等）など、加害者側に悪意があった事件や過失があった事件など様々なものがある。ただ、大量生産・大量消費を前提とする高度資本主義社会にあっては、仮に加害者側に悪意がなくても、いったん製品・サービス等に欠陥があると、それは結果として大量の被害者を生じることになる。そして、そのような大量被害が発生した場合には、被害者がグループとして訴えを提起することになり、大規模訴訟が生じることになりやすい。

このような消費者大規模訴訟についても、様々な問題が発生するが、この場合の大きな課題として、被害を受けた消費者のすべてが必ずしも権利救済を求めるわけではない点がある。このような事件でも、被害者が大きな損害を被る場合には（健康被害や欠陥住宅等）、公害などと同じように、すべての被害者が原告となり、救済を求めることになる。その結果、証明論等やはり困難な問題は生じるが、基本的には「目に見える」被害者を救済すれば概ね問題は解決する。それに対し、各人の損害額が小さい場合には、多くの被害者は訴訟提起のコストパフォーマンスを考えると、訴え提起には至らず、結果として被害の防止や救済が図られないおそれがある。たとえば、牛肉の産地を偽装して、別の地区の牛を松坂牛と偽って販売していた業者がいるとして、個々の消費者に生じる被害は僅かなものである。そのような消費者は、仮に騙されていたとしても、あえて訴えを提起し、そのような宣伝を差し止めたり、損害の賠償を求めたりすることは期待しにくい。

そこで、そのような集団的消費者被害に対する対応が制度として必要になる。日本の法律は、そのために選定当事者という制度をもっている。これは、共通する利益を有する当事者が、自分たちの中から代表となる当事者（選定当事者）を選び、その者に訴訟追行を委ねるものである。しかし、これは必ずしも十分に機能していない。そのような選定行為自体が消費者にとって負担となり、十分な数の被害者の選定を得られないからである。アメリカ合衆国などでは、このような問題に対処するため、クラス・アクションという制度がある。それによれば、当事者が積極的に選定行為をしなくても、ある当事者が一定のクラス（たとえば、偽装された牛肉を購入した者全体）を代表して訴えを提起した場合には、その者に訴訟行為を委ねたくない者が自発的に脱退しない限り、その判決に拘束されることになる。その意味で、これは消費者集団被害の救済には極めて有効な制度であるが、他方で濫用のおそれも大きい制度である。

現在の日本では、そのような制度ではなく、ヨーロッパ諸国に多く見られる団体訴訟という制度を採用している。これは、あらかじめ国から適格認定を受けた消費者団体が、消費者個々人に代わって加害者企業の違法行為を差し止めることができるとするものである。これによって、実効的な消費者被害の救済を可能にする一方、しっかりした団体が関与することで、濫用的な提訴が生じることを防止しようとしたものである。現在はまだ差止請求が認められているだけで、過去の被害の回復＝損害賠償は、団体訴訟によっては認められていないが、この点については制度導入に向けて様々な議論がされている段階である。

環境訴訟

また、同様に最近注目を集めている大規模訴訟の分野として、環

境訴訟がある。既に公害訴訟の中にもそのような問題を含むものがあったが（大阪空港騒音公害訴訟などは環境問題を含むものであった）、地球温暖化問題やCO_2の排出規制など環境問題への社会的な関心が高まる中で、それを法的にも実現する活動が様々な形で展開されている。このような環境関係の訴訟を民事訴訟の中で受け止めるに当たって、困難な課題となる点として、誰を当事者として手続を進めるか、という問題がある。前に述べた当事者適格の問題である（⇒第4講3参照）。従来の当事者適格の議論では、問題となっている権利関係あるいは法律関係について実体法上管理処分権を有する者が当事者としての適格をもつことになる。これは、通常の契約関係の紛争や所有権関係の紛争などでは合理的な結論をもたらす。しかし、環境紛争のような場合には必ずしもそうではない。たとえば、無人島であるが、貴重な生態系を有する島の環境が違法に侵害されている場合などでは、そのような管理処分権をもつ主体がそもそも存在しないこともあるし、開発隣接地の所有者等がいても、それらの者は開発で利益を受けるが、将来の世代がそれによって取り返しのつかない損害を被るような場合もある。

　以上のような場合を考えると、環境紛争については、既存の当事者適格の考え方はうまく適合しないようにも思われる。実際、奄美諸島で行われた開発について、天然記念物である「アマミノクロウサギ」を原告として差止訴訟が提起された例がある。この訴えは却下されたが、アメリカなどではこのような「動物訴訟」を認めた例もあるとされる。また、伝統的な実体法上の管理権ではなく、紛争において主たる活動をしてきた人や団体について「紛争管理権」を認めて、紛争管理権を有する者に当事者適格を認めるというアイデアも提示された（ただ、これも最高裁判所によって否定されている）。この

ように、環境紛争は伝統的な当事者適格論に対する反省をもたらしているが、それは同時に司法の役割に対する反省の契機ともなりうるものである。何世代も後の子孫のことを考えるのは、主に立法や行政の役割であろうが、それが民主主義を前提にすれば、十分に機能するとは限らない。国民の代表はあくまで今生存している国民の代表であり、未来の国民の代表は1人も国会にはいないからである。その場合に、司法に一定の役割が期待される場面が生じることは否定できず、司法がどの範囲でそのような役割を引き受けるかは困難な課題であろう。

2 専門訴訟の問題とそれへの対応

現代社会は専門化の時代であると言われる。高度資本主義社会においては、専門性の有する価値が加速度的に増大しているように見える。そして、社会が専門化すれば、そこに生ずる紛争も同時に専門化することを免れない。その結果として、いわゆる**専門訴訟**が多く提起され、その解決が司法にとって大きな課題となる。医療関係訴訟、建築関係訴訟、知的財産関係訴訟などがその代表的なものであるが、そのほかにも、製造物責任(PL)関係訴訟、コンピュータソフトウエア取引関係訴訟など様々な類型の専門訴訟が日々新たに発生し、その数を増している。たとえば、医療関係訴訟は、1992(平成4)年には371件であったものが、2004(平成16)年には1089件に達しており、10年余りの間に3倍以上に増大している。他の専門訴訟においても、同様にその件数は増大の一途をたどっている。

専門的知見の必要性

専門訴訟は、裁判所にとって一般にその解決が困難な類型の事件

である。なぜなら専門訴訟を解決するためには、その分野に関する専門的な知見が必要となるからである。確かに裁判官は法律の専門家ではあるが、専門訴訟で問題となる**専門的知見**、たとえば医学や建築学、あるいは科学技術の専門家ではない。というよりもむしろこれらの専門的知見については、基本的に素人であるのが普通である。そう考えると、適切に訴訟手続を進行させ、適切な内容の判断を行うためには、裁判官に対して専門的な知見を補うことが必要不可欠である。

まず、争点整理を適切に行うためには、専門的知見を前提にすれば、どの点がその手続で問題になるかを正確に理解する必要がある。通常の訴訟であれば、日常的な経験則と専門的な法的知見をもっていれば、適切な争点整理を行うことが可能である。しかし、専門訴訟では、そうはいかない。専門的知見がないと、最悪の場合、専門家から見れば全く的外れの問題を争点として確定するおそれがあり、そうでなくても適切な争点にたどり着くまで長い時間を要することになりがちである。また、最終的な事実認定についても、専門的な経験則を適切に適用しなければ、真実に適った判決をすることが困難であることは言うまでもない。以上のように、専門訴訟においては、適切な専門的知見の導入のシステムが設けられなければ、訴訟手続の遅延や適正な裁判に対する障害をもたらすおそれがあることが明らかである。

鑑定とその問題点

したがって、裁判所がこのような専門訴訟において適切な訴訟進行をし、適切な内容の判決を下すためには、専門的な知見を訴訟手続の審理の過程に導入する必要がある。このような専門的知見の導入の仕組みとしては、従来から**鑑定**の手続が存在していた。これは、

裁判所が事実を認定する際に専門的な知見が必要であると考えた場合に、鑑定人を選任して、専門的な観点からの意見を求める証拠調べの方法である。この鑑定を活用することによって、裁判官は事実を適切に認定し、専門訴訟においても真実に適った判決をすることができる。しかし、このような鑑定に頼った専門的知見の導入のスキームにはいくつかの問題があった。

まず、鑑定自体の機能不全である。これについては、証拠調べのところでも述べたことであるが（⇒第7講**2**参照）、鑑定人の人材の不足、鑑定の負担の大きさなどの結果、鑑定人の確保やその中立性の維持に困難な問題がある。また、証拠調べ以外の局面で専門的知見の導入が必要とされる場面では、そもそも鑑定は役に立たない。特に争点整理については、前述のとおり、ここで専門的観点からは的外れな事項が争点とされれば、いかにその後適切な事実認定に努力してみても、的外れな判決になることは避け難い。そのような意味では、手続の早い段階で専門的な知見を導入することは不可欠と言えよう。

以上のような問題は、前述のように、専門訴訟の増大の中で、民事訴訟全体にとっても無視し難い重大な課題となっている。1996（平成8）年の現行民訴法制定の際には、主に通常の民事訴訟の改革が試みられたところ、専門訴訟の問題はいわば積み残しの扱いになっていた。そこで、司法制度改革、さらにそれを受けた2003（平成15）年の民事訴訟法改正ではこの点がまさに中心的な課題とされた。まず、鑑定手続自体の改革については、証拠調べのところで見たとおり（⇒第7講**2**参照）、鑑定人名簿の整備や鑑定人選任のルートの確保、複数鑑定人の選任や口頭による鑑定結果の報告など運用改善の方策や、さらには2003（平成15）年の民事訴訟法改正による鑑定人

質問の導入など鑑定手続の制度的改善が図られた。

裁判所・弁護士の専門化

他方、証拠調べの局面を超えた、より抜本的な専門訴訟の対策も大きな課題である。このような観点からは、様々な方策が考えられる。まず、訴訟に関与する法律家自体を専門化していくことを目指す方途がありうる。すなわち、裁判所・弁護士の専門化ということになる。実際にも、医療や知的財産の分野では弁護士事務所の専門化の進展は著しいとされているし、裁判所も、東京や大阪など大規模な庁では、医療、建築、知的財産などの**専門部**（その種類の事件だけを扱う裁判部）や**集中部**（その裁判所においてその種類の事件を集中的に扱う裁判部）を設けて対応している（知的財産などでは、さらに東日本について東京地方裁判所、西日本について大阪地方裁判所の専属管轄とし、控訴は東京高等裁判所の特別の支部である知的財産高等裁判所の専属管轄として、「専門家軍団」となった裁判部の審理を受ける機会が保障されている）。このように、法曹の専門化が進んでいけば、専門的な双方代理人弁護士と裁判官が関与することによって、訴訟手続のすべての場面で専門的な審理が可能になろう（実際、知的財産事件などではそのような審理が相当程度現実化しており、その結果が近時の著しい審理の迅速化にも表れていると言えよう）。

専門委員制度

ただ、裁判官や弁護士についていかに専門化を図っても、そこに限界があることは否定できない。裁判官には人事異動があるし、弁護士にしても、余りに細かな専門性に対応することは不可能に近い（医学の一般的知見は医療専門弁護士に期待できるとしても、訴訟で問題となる脳外科等の専門的知見までは期待できないであろう）。その意味では、やはり専門家の訴訟手続への導入は不可欠である。ただ、争点整理や

和解にも活用するためには、鑑定人という形ではない別の制度が必要になる。そこで、2003(平成15)年改正によって導入されたのが**専門委員**の制度である。これによって、医療訴訟における争点整理に医師を専門委員として選任し、あるいは欠陥建築訴訟における争点整理に建築士を専門委員として選任することができる。たとえば、建築訴訟において、原告と被告の間で様々な欠陥が問題とされている場合に、弁論準備手続に建築士の専門委員が関与して、当事者の言い分について建築の専門的知見を説明することによって、裁判所による争点整理が適切に進められることが期待できる(建築学的には的外れな点が争点とされるおそれはなくなる)。

専門ADR

以上のような専門委員の制度は、訴訟手続の中に専門家を導入する方策であるが、さらに抜本的には、専門的な紛争を裁判外の手続に委ねてしまうということも考えられる。つまり、**専門ADR**の活用である。ADRであれば、手続を実施する者は法律専門家である必要はなく、むしろその分野の専門家自身に(法律家とともに)紛争解決手続を実施させることも可能になり、より直接的な形で専門的知見を手続に導入できることになる。たとえば、医療関係のADRで医師を手続実施者としたり、知的財産関係のADRで技術者を手続実施者としたりすることもできる。実際にも、そのような受け皿として、医療関係については弁護士会等にADRが設けられているし、知的財産関係についても弁護士会と弁理士会の共同でADRが設けられている。将来的には、このようなADRが利用者の信頼をかちえてそれが活用されることによって、専門性に適った紛争解決の途が裁判所の外でも広く開かれることが期待されよう。

3 「現代型訴訟」の意義——政策形成機能の評価

近時の裁判所の課題として、「現代型訴訟」に対する対応という点が指摘される。「現代型訴訟」といわれるものは論者によって様々な内容をもつものとしてイメージされており、これまで述べてきた大規模訴訟や専門訴訟とも重なる部分が大きい。ただ、以下では、訴訟を提起することによって、当事者が国等の政策に対して有する不満を社会に訴えかけ、政策を変更し形成させるための手段として訴訟手続を活用するようなもの(「政策形成訴訟」ともいわれる)を指して、「現代型訴訟」という概念を使用することにしよう。

具体的訴訟と政策への影響例

このような意味での現代型訴訟の1つの例として、いわゆる**嫌煙権訴訟**というものがある。これは、ある市民が当時の国鉄(日本国有鉄道)に対して、特急列車等について禁煙車両の設置を求めた訴訟である。当時は禁煙車両というものは存在せず、喫煙者はすべての車両において自由に喫煙できたのであるが、この訴訟の原告は、自己の健康を維持するため、副流煙による健康被害のおそれを主張して、列車における分煙化を求めたわけである。この訴訟では結局、原告の請求自体は認められなかった。原告にはそのような車両の設置を求める実体法上の請求権はないとされたからである。しかし、現実には、この訴訟の結果として(もちろん他にもこのような強い要望があったことにもよるが)、当時の国鉄、またその後を受けたJRは(さらにはそれ以外の私鉄も含めて)、禁煙車両を設置し、それを増加させていったことは周知のとおりである。今では、すべての列車に禁煙車両が存在し、多くの列車ではむしろ全席禁煙となっている。さらに交通機関の問題を超えて、健康増進法25条の受動喫煙防止措置

第12講　大規模訴訟や専門訴訟の困難さと対処方法

の規定に代表されるように、社会全体の分煙の方向も大きく進んでいるが、この訴訟による問題提起が相当程度そのような動きに寄与したことは間違いない。

　以上のような現代型訴訟、あるいは政策形成を目指した訴訟提起というのは、この例だけではない。かつての公害訴訟、あるいは最近の薬害訴訟（HIV訴訟、C型肝炎訴訟等）なども、多かれ少なかれそのような面をもっていたことは否定できない。もちろん原告被害者としては自己に生じた過去の損害の賠償を求めるという目的はあったが、より大きくは、そのような公害や薬害が再発しないような社会を求めることも提訴の大きな目的であったであろう。実際に、HIV訴訟など和解によって解決した事件においては、その和解の内容として、再発の防止に向けた様々な政策措置を被告である国が約束することが行われている。また、嫌煙権訴訟と類似したものとして、大韓民国の原告が自己の名を（日本語読みではなく）韓国語読みをするように求めて、日本語で読まれたことの慰謝料1円の支払をマスコミに対して求めた訴訟があった。この訴訟では原告の求めたものは明らかに、損害賠償それ自体ではなく、そのような社会のあり方の是正であったと言えよう。そして、この場合も請求自体は棄却されたが、理由の中ではそのような主張に十分な正当性があることも示された。その後は（この訴訟の影響もあって）周知のとおり、テレビや新聞報道の中で（中国人については依然として日本語読みがされているにもかかわらず）韓国語読みが一般的になっているわけである。

　以上のように、訴訟を提起することによって、（その訴訟が政策形成のみを目的としていたか、あるいは本来の訴訟上の請求に付随して政策の形成も求めていたかにかかわらず）日本社会のあり方が変容し、政策が変化する契機となった場合がある（より大きなものとして、大阪空港の騒

音公害訴訟の提起及び最高裁判所に至るまでのその「闘い」は、最終的には関西国際空港の新設と国際空港の機能の移転をもたらした)。訴訟の提起は、一般に大きなニュースとして取り上げられ、証拠調べや判決など節目節目でやはり大きな形で報道がされ、一般国民の潜在的な関心を顕在化させる効果が大きい。結果として、提訴を契機として（判決の結果がどのようなものであれ）原告の企図した政策形成が現実化する（少なくともその方向に向かう）ことがあると言えよう。その意味では、政策形成を目的とした訴訟提起は、政策実現のためには1つの有効な「作戦」と言ってもよい。

消極的見解──司法の役割の限界

しかし、このような訴訟のあり方をどのように評価するかについては、様々な議論がありうるところである。その評価に際しては、司法の役割や民主主義に対する見方の相違があるといえよう。このような現代型訴訟に対して批判的な立場をとる論者は、政策形成や社会変革といった機能は、本来司法の役割ではないと考える。これらは、国家の機構としては立法や行政の役割であり、法による紛争の解決や法的利益の救済を目的とする司法の果たすべき役割とはいえないし、そもそも司法を担う裁判所にはそのような判断をできる人材や仕組みも用意されていないはずである。このような政策的決定をするためには、様々な基礎情報を収集し、他の政策との間で調整を行い、その影響を慎重にかつ多角的に検討判断する必要がある。しかし、裁判官はそのような作業の専門家ではないし、当事者対立構造を前提とする訴訟手続もそのような作業に適合的なものではない。加えて、政策形成は多くの国民の生活や活動に多大な影響を与える可能性があるが、本来そのような決定は民主的正統性を有する政府が行うべき事柄であり、選挙の洗礼を受けることもない裁判所

において決定をすることは正統性を欠く。以上のような理由に基づき、司法のこのような活動に対しては消極的な意見も有力である。

積極的見解——改革の契機としての司法の役割

しかし、他方で、このような政策形成訴訟に対して積極的な評価をする見解、少なくとも消極的な形でこれを容認する見解も多い。このような見解は、司法の役割として、以上のような政策形成あるいは社会の改革の契機となるような部分も含まれるとするものである。確かにこのような役割の中核的な部分が立法・行政に帰属するという点は、批判論の指摘するとおりである。しかし、司法がその本来の役割である紛争解決・私益救済を果たす過程で、結果として政策形成に影響を及ぼす判断をすることは何ら妨げられない。また、原告の真の意図が自己の利益救済等よりも政策形成にあるとしても、その主張が本来の民主的プロセスで十分に尊重されておらず、立法・行政の場での政策形成が十分に機能していないおそれがあるとすれば、その改革の契機を司法に求めることを否定的に評価することはできない。換言すれば、このような政策機能をどこまで司法に期待し、許容するかは、他の権力機関のあり方との相対的な位置づけで決まるべき事柄である。とりわけ民主的意思決定過程における少数派の異議申立ての手段として司法が利用されることは、やはり少数派の保護に意義を有する憲法の人権規定の貫徹（違憲法令審査権）をその重要な任務とする司法権にとって避け難いものである。

筆者は、原理的には前者のような考え方が正当であるとしても、現在の日本の政治や社会の状況等を前提にすれば、後者のような考え方にも十分な理由があると考えている。

3 「現代型訴訟」の意義

> **コラム**
>
> ● **知財戦略と民事訴訟**
>
> 　知的財産訴訟は、前述のように、専門訴訟の1つの類型である。ただ、知財訴訟のあり方を考えることは一専門訴訟の扱いに止まらない意味をもつ。というのは、現在の日本は、国家の戦略・政策として、知的財産権を振興しようとしているからである。高度に経済発展を遂げた日本では、今後単純な製造業だけでは、グローバル・マーケットの中で生き残ることは（その人件費等の比較から明らかなように）困難である。経済発展の維持には産業における付加価値（イノベーション）が重視されなければならず、そのためには発明や技術など、まさにその付加価値を保護する特許権や著作権などが重要な意味をもち、知的財産権の保護を図っていく必要がある。そのためには、それが侵害された場合の救済方法である裁判手続が知財保護のために適切に機能することが経済政策的にも重要になるわけである。
>
> 　そのような観点から、知財戦略・司法改革などあらゆる分野で、知財訴訟の改革がテーマとされた。改革の目的は、訴訟の迅速化と適正化にあったと言ってよい。その結果として、東京地裁と大阪地裁の**専属管轄化**、**知的財産高等裁判所**の設置、**専門委員制度**の導入、**裁判所調査官**の活用等が行われた。また、知的財産訴訟では、しばしば秘密保護が問題となる。たとえば、ある物の製造方法に関する特許権の侵害を主張して訴えが提起されたところ、被告は、それは原告の特許とは別の方法によって製造しているが、その方法は企業秘密に属すると主張したとする。この場合、被告の主張を鵜呑みにするわけにはいかないが、逆に被告の主張が正しければ、その製造方法を証明させて原告に知らせてしまうと、被告の営業秘密を害することになる。このような場合の解決策として、被告にその情報を開示させながら原告に守秘義務を課する**秘密保持命令**という制度が設けられている。このように、知的財産権訴訟の領域は、国家戦略とも密接に関連しながら、近時様々な民事訴訟制度の「実験場」ともなっている興味深い分野である。

第13講
簡易・迅速・廉価な紛争解決手続

1 簡易訴訟・裁判手続の基本的構造

　最近、社会経済活動のスピードアップを受けて、裁判手続も迅速化するよう要求が強い。前に述べた（⇒第3講参照）とおり、裁判迅速化法が制定され、第一審については2年以内に審理を終えるように関係者が努力するものとされている。しかし、より迅速な解決を求める強い声は経済界に限らず社会的に強く出されている。また、裁判手続の複雑さについても批判があり、より簡易な、分かりやすい手続で訴訟を進めるように、という要求も各界に根強く存在するところである。ただ、すべての訴訟に適用される手続を考えるとき、その迅速化のための措置に限界があることも否定できない。前講で見たような、複雑訴訟、専門訴訟や現代型訴訟などでは、どれほど迅速化に努めても、やはりそれなりの時間を要することは回避できない。その一方で、特に迅速かつ簡易な解決を必要とし、時間がかかって複雑な手続になっては、実質的に権利救済が意味を失うような訴訟類型というものも存在する。そこで、特に簡易迅速な解決が求められる事件類型について特別の訴訟手続を用意するという発想が生じることになる。

簡易・迅速な訴訟の類型——手形・小切手訴訟と少額訴訟

　現行法におけるそのような簡易訴訟ないし迅速訴訟の類型としては、**手形・小切手訴訟**と**少額訴訟**が設けられている。

　(ⅰ)**手形小切手訴訟**　　前者は、手形・小切手という経済社会において用いられている決済手段について特に迅速な解決が求められることに着目したものである（以下ではより重要なものに限定する趣旨で「手形訴訟」のみを問題にするが、その規律は基本的に小切手訴訟でも同様になっている）。現在の社会では、約束手形が広く流通し、決済手段としての重要性を有している（ただ、最近は、銀行振込み等による決済の利用も増加しており、手形の流通枚数は激減してきている）。その手形が不渡りになったときには、債権者としては、できるだけ迅速に給付判決を取得し、それに基づき強制執行をかけて、債権を回収できることが保障されなければならない。それによって初めて手形制度に対する経済社会の信頼が確保される。実際、このような特別の訴訟類型は、かつて存在したものが一度は廃止されたが、その後また経済界の強い要望により復活したという経緯をたどっている。

　(ⅱ)**少額訴訟**　　他方、後者は、60万円以下の少額の金銭給付訴訟について、簡易迅速な権利救済が求められていることに着目したものである。このような少額請求については、通常の訴訟と同様に複雑で時間のかかる手続のみを用意するとすれば、誰も裁判所を利用しなくなることは見やすい道理である。弁護士の代理を求めることは経済的にペイしないし、自分で訴訟を追行する際の機会費用を考えれば、よほど簡易迅速な手続でなければ訴訟を起こそうという気にならないであろう。そこで、1996（平成8）年の現行民事訴訟法制定の際に、その改正の1つの「目玉」として少額訴訟の制度が導入された。この手続は、その後も好評を博して、司法制度改革の過

程で、さらに利用されるように、訴額の上限を（従来の30万円以下から60万円以下に）引き上げたものである。

共通の手続構造

　以上の2つの特別訴訟の手続は、できるだけ簡易迅速な解決を図るという同様の目的を有しているため、その訴訟手続の基本的構造にも類似したものがある。つまり、いずれの訴訟においても、やむをえない事由がある場合を除き、原則として第1回期日で審理を完了する**一期日審理の原則**が妥当する。通常の訴訟手続のように、何回も口頭弁論期日を経て（場合によっては弁論準備期日も経て）、ようやく判決に至るのではなく、原則として1回の期日で審理を終結しようとするものである。

　そのような形で審理を簡易化しているが、そのようにして出された判決に対して当事者に不服がある場合には、控訴をするのではなく、異議を述べて、その異議によって通常の審理方式に従った手続が再度第一審で行われることになっている。つまり、できるだけ簡易迅速に当座の判決を出すことを可能にしながら、それに不服のある当事者には、もう一度最初に戻って通常の手続を行うことで、その手続保障をも図っているわけである。このような形で、簡易迅速な手続による第1次の判決とそれに対する異議という同一審級内の不服申立てによる手続保障が簡易訴訟・迅速訴訟の手続の基本パターンということができる。

異なる手続構造

　ただ、より具体的な手続の構造を見ると、手形訴訟と少額訴訟には看過し難い相違もある。それは、同じ簡易迅速を求める訴訟手続と言っても、両者の目指すところには若干の差異があるからである。手形訴訟の目的とするところは、前述のとおり、早期の債務名義の

取得の保障による手形制度に対する経済界の信頼保護にあると言えよう。その意味では、まず、第1次的な判決が迅速に出されるところに主要な狙いがある手続と言える。他方、少額訴訟の目的とするところは、簡易な紛争解決による市民の裁判に対するアクセスの保障にあると言えよう。そこで重要な点は、複雑な手続になることによって、弁護士代理が必要になったり、本人訴訟の追行に手間がかかったりすることで、訴え提起自体が回避されてしまうことを防止する点に狙いがあると言える。その意味では、ここでは、迅速性というのは簡易性の1つの系であり、重要な点は、手間をかけずに本人でも訴訟手続を追行できるという点にあるということになる。

(i) 証拠の制限　以上のような手続の狙いの相違から生じる具体的な手続の相違として、まず手形訴訟に特有の点として、証拠の制限がある。手形訴訟においては、証拠は原則として書証しか認められない。これは、手形制度の特徴として、証拠としては原則としてその手形だけで足り、原告が履行期の到来している手形を所持している以上、まずは原告に強制執行の権利を付与してよいという考え方による。もちろん原告が手形を所持していても、例外的に原告の請求が認められない場合はあるが（たとえば、手形発行の原因となった債権について既に被告が弁済している場合など）、その場合には、被告の側から異議を申し立てて、通常訴訟で主張立証をしてもらおうという考え方である。それにより、多くの場合に支払義務を否定できない手形債務者による訴訟の引延ばしを防止できることになる。

これに対し、簡易性を重視する少額訴訟では、その証拠調べが簡易に行われる限りにおいては、あえて証人尋問等書証以外の証拠調べの方法を禁止する必要はないので、そのような証拠調べも認められる。ただ、一期日審理の原則に反すると、簡易な手続の趣旨を実

現できないことになるので、証拠調べの対象となる証拠は即時に取り調べることができるものに限られるという制約は少額訴訟においても妥当する。

(ⅱ) **控訴の禁止**　他方、少額訴訟における手続上の最大の特色は、**控訴の禁止**にある。少額訴訟において判決が出されると、不服のある当事者はそれに対して異議を申し立てることができ、それによって簡易裁判所で通常訴訟の手続により審理が続けられる。しかし、その異議に基づく判決に対して当事者に不服があったとしても、その異議判決に対する控訴は許されていない。これは、せっかく簡易裁判所という当事者に身近な裁判所において1回の審理で判決まで得られたとしても、その後に控訴がされて地方裁判所に行かなければならないとすれば、当事者の便宜性は大きく損なわれ、控訴がされる場合のコストを慮れば、少額の請求について提訴を躊躇する事態は改善されないと考えられたためである。その結果、当事者の手続保障としては中核的な意義をもつ上訴権を否定してまで、裁判へのアクセスの機能を重視したわけである。

　もちろんこのような形で当事者の手続権を制限するため、この手続で審判を行うことは原告の意思だけでは決められないことになっている。被告が通常手続に移行することを求めれば、当然に移行する（その結果控訴権も保障される）ことになる。また、裁判所が少額訴訟に馴染まないと考えれば、やはり通常訴訟に移行させることができる。このような形で、原告・被告・裁判所の三者が一致して少額訴訟によることを相当と判断した場合にのみ、控訴権を放棄する少額訴訟によることが可能になるわけである。

　これに対し、手形訴訟では、控訴は認められる（その結果、被告には通常訴訟への移行の申述権も認められない）。手形訴訟においては、前

述のように、重要な点は債権者に対して迅速に債務名義を取得させることであり、それが達成されれば、後の不服申立てが通常の手続に従っても、制度の意義が損なわれることはないからである。

2　少額訴訟の意義

基本理念

　簡易裁判所は、少額軽微な訴訟事件の第一審を担当する裁判所として、戦後新たに創設されたものである。戦前には現在のような簡易裁判所は存在せず、その代りに地方裁判所の下位の裁判所として区裁判所というものがあった。しかし、区裁判所は地方裁判所の完全な下部組織であり、裁判官も主として若年の職業裁判官が担当していた。戦後、司法の民主化の流れの中でその基本理念を変更し、軽微な事件を簡易迅速な手続で紛争の実情に即して処理する市民に身近な裁判所が必要であるとされ、その結果新設されたのが簡易裁判所である。裁判官も職業裁判官とは別の新たな種類の裁判官が起用されるものとされた。

「ミニ地裁化」とその改革

　しかし、以上のような理想的な創設理念は必ずしも実現しなかった。その後の簡易裁判所は本来の理念を離れ、むしろ「ミニ地裁化」の道を歩んでいったと言っても過言ではない。地方裁判所の負担過重の中で簡易裁判所の事物管轄（⇒第3講2参照）は拡大され、また、裁判官も、法曹資格を必要とせずに広く民間から人材を集めようとした制度の趣旨とは異なり、退官後の職業裁判官や裁判所書記官等司法関係者の就任が通例となっていった。加えて、簡易裁判所の大規模な統廃合が行われ、その数が減少し、市民から遠ざかる格好となっていった。

このような事態に至った1つの大きな理由は、上記のような制度創設の理念にもかかわらず、それに対応した思い切った手続の改革がされなかったことが挙げられる。民事訴訟法の中で一応簡易裁判所の特則が設けられたが、その内容は抜本的なものには程遠く、実質的な手続は地方裁判所の手続とあまり変わらないものであった。それでは、少額の事件について当事者が提訴するには余りにコストが大きすぎることになり、実際に簡易裁判所に提訴される事件は、消費者金融やクレジット会社の貸金取立訴訟がほとんどとなっていた。

このような事態を改善するためには、アメリカの各州の裁判所で試みられているように、思い切った手続の簡素化によって手続コストを下げ、それによって市民間の紛争を裁判所に取り込むことが必要ではないかと考えられた。このような考え方に基づき、1996(平成8)年の現行民事訴訟法によって、その改革の1つの目玉として導入されたのが少額訴訟の制度である。いわば本来50年前の簡易裁判所創設時に行われているべきであった改革が50年遅れで実現し、これによって初めて簡易裁判所の創設の理念に魂が入れられたものと言ってもよいかもしれない。

現実の運用と評価

さて、このような少額訴訟の制度は、一般的に利用者の支持を得たものと言ってよい。利用者に対して行われたアンケート調査でも、この手続の評価は極めて高いものがある。事件数も、おおむね年間2万件前後を記録しており、実際に提訴されている事件の種類を見ても、敷金返還請求事件、市民間の売買代金請求事件や貸金返還請求事件、自動車事故の物損の賠償請求事件や賃金支払請求事件など、市民間あるいは市民と中小事業者間の事件が大半を占めている。こ

れらは、従来裁判所での解決が考えられなかったような事件類型であると言ってよい。

　たとえば、市民がマンション等の部屋を借りて、契約終了後に退去する場合に締約時に支払っていた敷金の返還を求めても、大家が「あっちが汚れた」「ここに傷がある」などと言いたてて返還を拒否するケースは従来から多かったと思われる。以前は、借り手が訴訟までは考えずに諦め、「泣き寝入り」をしていたものと考えられるが、そのような事件が少額訴訟において提起され、最近では裁判外で大家も敷金の返還に応じるケースが増えているともいわれる。このように、少額訴訟の創設とその活用は、従来法的なルールが浸透していなかった社会的な場面にも「法の支配」を及ぼすものとして大変大きな意味があると評価することができる。以上のような成果に基づき、司法制度改革の中でも、その活用が提言され、その適用範囲が従来の訴額30万円以下から60万円以下に拡大されるなどさらにその活用に期待が集まっている。

少額訴訟制度の特徴

　(i) 一期日審理の原則と利用回数の制限　　以上のような少額訴訟であるが、その具体的な手続は、前述のとおり、一期日審理の原則を基本としている。少額訴訟として審理がされるためには、60万円以下の金銭給付請求について、原告が少額訴訟による審理を求める必要がある。ただ、その場合も、少額訴訟制度がクレジット業者等特定の者によって大量に利用されることはその趣旨に反するので、それを避けるため、同一の簡易裁判所において同一の年に1人の者が少額訴訟によって審判を求めることができるのは、最大10回に制限されている。少額訴訟の提起に際しては、実際には、裁判所書記官によって非常に丁寧な教示が行われ、期日に向けた準備活

動がなされる。そのように、裁判所としては大きな手間をかけた運用がされることによって初めて一期日審理の原則が実現していると言えよう。

(ⅱ) **通常訴訟への移行と審理の簡素化**　このように、少額訴訟による審判を原告が求めた場合も、被告は通常移行の申述をすることができ、その場合には自動的に通常訴訟に移行するし、裁判所も事件を通常訴訟に移行させる決定ができることは、前述のとおりである。そして、審理については大胆な簡素化がされており、まず証拠調べは即時に取り調べることができる証拠に限定される。証人尋問も宣誓は不要であり、尋問の順序も裁判所の裁量に委ねられる。また、電話会議システムにより尋問をすることも許容される。このような手続の簡易化に基づき、当事者は第1回の口頭弁論期日の前または期日中にすべての攻撃防御方法を提出すべきものとされ、特別の事情がない限り、第1回期日で審理が完了することになる。

(ⅲ) **判決と和解**　そして、少額訴訟における判決も、相当でないと認める場合を除き、口頭弁論の終結後直ちに言い渡す。これによって、審理・判決が1回の期日で全部なされ、当事者としては1回裁判所に出頭すれば用が足りることになる。なお、実際には、少額訴訟は和解によって終了することも少なくない。全体の事件の中で、4割近くが和解によって終了しているし、提訴を受けて裁判外で和解がされて訴えが取り下げられることも少なくない。

このような和解では、分割払いの合意がされることが多いと見られるが、どうしても和解ができず判決によって解決される場合であっても、被告の資力から一括払いが難しいと見られる場合には、**分割払い**を命じる判決が可能とされる。その方が強制執行の手続を省略できて原告にも便宜であるからである。通常の訴訟では、実体

法上即時払いの義務があるのに、裁判所が勝手に分割払いを命じることは許されないが、少額訴訟では、当事者がそのような手続に実質上同意している点に鑑み、判決言渡しから3年の範囲内で分割払いの判決をすることも認められる。

(ⅳ) 控訴の禁止　　前述したように、少額訴訟の終局判決に対しては控訴をすることができず、同一の裁判所に対する異議の申立てができるにとどまる。適法な異議があったときは、訴訟は口頭弁論終結前の状態に戻り、通常の訴訟手続における審判に移行することになる。ただ、仮執行宣言に基づく執行力は原則として維持される。異議後の判決に対しては、控訴できない。この点が、前述のとおり（⇒1参照）、手形訴訟と対比した場合の少額訴訟の大きな特徴である。これによって、簡易裁判所限りでの簡易迅速な法的利益の救済を可能にしているものである。ただ、当該事件において憲法違反の問題があるときは、なお特別上告の提起は妨げられない。憲法違反については必ず最高裁判所の判断を得る機会がなければならないからである。

今後の課題

少額訴訟の今後の課題としては、いくつかの点が指摘されるが、最大の問題の1つは執行手続の簡易化である。簡易な手続で債務名義を原告に付与したとしても、その執行手続に費用・時間・手間がかかったのでは、少額訴訟の制度意義は大きく減殺される。せっかく判決を手に入れられても、その内容が実現しなければ判決はただの紙切れになってしまい、利用者の司法に対する不信感は、判決が得られない場合よりもかえって大きくなってしまうおそれすらある。そこで、少額訴訟で得られた判決や和解に基づく強制執行も簡易迅速に行われる必要があるが、この点の制度整備は必ずしも十分とは

言い難い。

　以上のような問題意識の下で、司法制度改革の一環として、2004（平成16）年の民事執行法の改正によって少額訴訟債権執行制度が導入された。これは、簡易裁判所で、債務者の財産である金銭債権に対して簡易な手続による強制執行を可能にしたものである。また、債権者が債務者の財産を自ら探知する必要があるという問題点に対処するため、2003（平成15）年の改正では債務者の財産の開示制度が導入された（⇒第10講参照）。ただ、これらの制度は未だ必ずしも使いやすいものとはいえず、その活用には至っていない。今後少額訴訟制度の趣旨を徹底していくためには、より実効的な簡易執行や財産開示の仕組みを検討していくことが必要不可欠であると思われる。

3 「迅速裁判手続」の構想

　ここまで、簡易迅速な訴訟手続の特則、とりわけ少額訴訟の特則についてみてきた。ただ、近年は、迅速な裁判手続という、より広い観点からすれば、訴訟以外の簡易迅速な手続の占める比重が大きくなってきている。この点で、古くから存在する制度として**督促手続**（支払督促制度。以前は支払命令と呼ばれていた）があるが、最近相次いで、**労働審判手続**や**損害賠償命令手続**などが設けられている（それ以外にも、倒産法上の否認や役員の責任追及の手続においても、同旨の簡易手続が存在する）。このような動向が示すように、現在においては、簡易迅速な裁判手続に対して大きな社会的ニーズがあると考えられる。その背景には、社会・経済活動全般のスピード化や司法に対する社会的期待の増大等があるとみられるところである。ただ、簡易迅速な手続は、既に訴訟手続との関係でも見たとおり、他方では、当事

者の手続保障の要請と緊張関係に立つことになる。そこで、具体的な手続を構成するに際しては、簡易迅速の要請に可及的に応えながら、当事者の手続保障をどのような範囲・方法で担保するかが重要な課題になってくる。

決定手続前置主義

そこで、このような簡易裁判手続の基本的な枠組みについてみてみたい。このような手続では、おおむねまず簡易な手続（決定手続）で第一次的な判断を裁判所等が下し、そのような判断に対して異議がある当事者が訴訟に持ち込む（訴訟に移行する）、という形がとられる。これによって、実際には第一次的判断に当事者が納得したり、異議当事者の提訴の負担が重かったりするため、よほどのことがない限り、決定段階で事件が確定してしまうことになり、簡易迅速な権利救済が可能になる。ただ、不服のある当事者は通常の訴訟手続で争うことができるので、当事者の手続保障は、事後的な形ではあるが、確保されることになる。このような、いわば「決定手続前置主義」ともいうべき手続が近時隆盛を誇っている。

支払督促

前にも述べたように、このような手続の原型として古くから存在したのが、**督促手続**である。督促手続自体は民事訴訟法の中に規定があるが、かなり特殊な手続である。これは、原則として金銭の支払請求権を対象とし、裁判所書記官に対して申立てがされる。そして、最初の段階では、裁判所書記官は請求の中身については全く審理をせず、債権者の言い分のみに基づき支払督促を発令することになる。支払督促は債務者に送達されるが、債務者の側に「そのような債権は存在しない」といった異議があれば、**督促異議**を申し立てることになる。異議が出されれば支払督促は失効し、訴訟手続に移

行する。その意味で、この段階での支払督促は、とりあえず債権者の言い分を伝える程度の意味しかないと言える。これに対し、債務者の側から異議が出されなければ、支払督促に仮執行宣言が付され、それに基づき強制執行をすることが可能となる。仮執行宣言付支払督促も再度債務者に送達されるが、これに対して債務者が異議を述べるとやはり訴訟手続に移行するが、当然には執行力は消滅せず、強制執行を続行することができる。このように、支払督促の制度は、債務者が異議を述べない限りで債権者の言い分だけに基づき債務名義を付与する強力な制度であり、債務者の異議権の実質的な保障が重要な課題となる（したがって、公示送達によってしか送達ができないような場合には、実質的な異議権の保障が十分ではないので、この制度の利用はできない）。

近時の制度

これに対し、最近、新たに制度が設けられたものは、いずれも特定の分野について、当初から簡易な実質的判断をすることを前提とする点に特徴がある。

(i) **労働審判**　まず**労働審判**は、個別労働関係の民事紛争について適用になる手続であるが、労使の専門家から選任される労働審判員と裁判官（労働審判官）の三者で構成される**労働審判委員会**が実施する。事件を審理して、まず調停による解決を試みるが、それで解決に至らない場合には労働審判を行う。原則として3回以内の期日で審理を終結しなければならず、迅速な審判が予定されている。労働審判に対しては、当事者は異議の申立てをすることができ、異議申立てにより審判は失効し、訴訟手続に移行する。このような手続は、特に簡易迅速な解決が求められる個別労働関係紛争の分野において、労使の代表の専門的知見を活用しながら柔軟な解決を図る

もので、その実績に対する評価は高いものがある（⇒本講コラム参照）。
　(ⅱ) 損害賠償命令　　また、**損害賠償命令**の手続は、犯罪被害者が刑事裁判の資料を利用して簡易迅速に犯罪行為に基づく損害の賠償についての債務名義を取得する手続である。犯罪の被害者は、その犯罪行為について刑事訴訟の公訴が提起されると、損害賠償命令の申立てをすることができる。その申立てについて実際の審理がされるのは、刑事について有罪判決の宣告があった後であり、原則として4回以内の期日で審理が終結される。損害賠償命令については、当事者は異議の申立てをすることができ、異議申立てにより原則として命令は失効するが、仮執行宣言が付されている場合には失効せず、それに基づく強制執行を行うことができる。異議申立てにより、事件は民事裁判所において通常の訴訟手続に基づき審判がされることになる。このような手続は、刑事の事件記録をそのまま民事の損害賠償訴訟でも流用できるものであり、犯罪によって心理的・経済的に打撃を受けている被害者が簡易迅速に損害の賠償を図ることを可能にする趣旨の制度である。

今後の可能性

　現代社会には民事裁判に対して簡易性・迅速性を求めるニーズは様々な分野に伏在しているものと見られる。労働審判や損害賠償命令の手続は、その中でも特に政治的な発言力の強い（労働者・犯罪被害者の）分野において顕在化したものと考えられる。ただ、それ以外の分野でもこのようなニーズは十分に想定でき、今後の制度構成としては、このような需要をどのような形で捉えていくかが重要な問題となろう。

　より一般的には、すべての民事紛争について適用になる「迅速裁判手続」を構想していく可能性もあろう。これは、前述のように

(⇒第11講参照)、保全処分の中で仮の地位を定める仮処分の本案代替化といった形で、同様のニーズが現れ、一定の対処がされているところである。このようなものが通常訴訟手続への移行を前提とした一種の「前さばき」としての簡易手続であると位置づけることができるとすれば、そのような手続を一般化した形で正面から制度の中で位置づけていくことも十分ありえよう。

　その場合にカギとなるのはやはり手続保障の観念であり、簡易迅速な手続の中でどの程度の手続保障をどのような範囲で図るのかが重要な検討事項となろう。このような局面では、形式的な手続保障の概念に拘束されると思い切った手続の簡易化は図りえない一方、実質的に損なうことのできない手続保障がどのようなものであるかについて踏み込んだ検討が必要となってくるであろう。

3 「迅速裁判手続」の構想

> **コラム**
>
> ● **労働審判の成功と将来**
>
> 　本文でも述べたように、労働審判の手続は、司法制度改革の議論の中で創設されたものであるが、大きな成功を収めたと言って過言ではない。労働審判の平均審理期間は75日ほどであり、99％以上の事件が6カ月以内に終了している。また、7割近い事件が調停で終了しており、実際に労働審判に至るのは全体の2割弱にすぎず、その中で4割弱の事件では異議申立てがされないので、終局した事件のうち最終的に訴訟になってしまう割合は1割にも満たない。そして、事件数も2008年で2千件以上に達し、労働訴訟の事件数に肩を並べる水準になっている。
> 　このような労働審判の成功を受けて、そこでの調停手続と審判手続を連続させる柔軟な審理手続のあり方や、労働審判員という形での専門的知見の活用などは今後の民事裁判手続全体のあり方を考える上でも大いに参考となる。迅速な裁判手続の可能性については本文で述べたとおりであるが、裁判体のあり方についても、**専門参審制度**の採用は考慮に値するところであろう。刑事の分野では一般国民が裁判に参加する裁判員制度が施行されたが、民事の分野でも、専門家が（専門委員や鑑定人といった補助者的位置づけを超えて）裁判体の構成員として参加していく可能性を真剣に検討すべき時期が近いうちに到来するかもしれない。

Bridgebook

第 14 講
家事事件手続の将来像

1　家事事件手続の特徴——家事審判と人事訴訟の機能分担

　これまで「民事事件」についての裁判手続について考えてきたが、広い意味では民事に含まれるが、かなり異質な手続の構造が採用されている事件として、家庭関係の事件がある。ここでは、そのようなやや特殊性を帯びた家事事件に関する裁判手続のあり方について全般的に考えてみたい。

家事事件手続の特徴
　家庭関係事件の紛争解決については、通常の民事事件には見られないいくつかの特殊性があると考えられる。
　(ⅰ) **真相解明の重要性**　　まず第1に、**真相解明の重要性**である。民事の事件においても真相は解明されるべきものであるが、家事事件においては、家族関係が真実に基づき形成され、継続されることは、当事者だけの利益ではなく、その家族を取り巻く人々、さらには社会全体の利益に関係すると考えられる。そこで、家族関係において紛争が生じた場合にも、その解決を完全に当事者の合意に委ねることはできないことになる。裁判所による積極的な介入に基づいて、真実に適った解決が図られることが社会的に要請されよう。

(ⅱ) **弱者保護の必要性**　第2に、女性や子などいわゆる**弱者の保護の必要性**がある。民事事件においても、当事者間で相対的な力の強弱関係が想定される場合は多いが（たとえば、事業者と消費者の間の訴訟、使用者と労働者の間の訴訟など）、典型的には対等な当事者関係を前提にできる民事裁判に対し、家事事件では、最初から当事者間に様々な意味での力の差があることが前提にされる。夫婦間の紛争であれば、妻は夫に対して経済的社会的に弱い立場に置かれていることが多いし、何よりも未成年の子が紛争に巻き込まれる場合に、その子の保護を考えていく必要がある。この点も、裁判所による積極的な介入が要請される契機となり、またそのような家族関係に専門的知見を有する専門家の手続への関与を必要とするものである。

(ⅲ) **関係維持の重要性**　第3に、**家族間の関係維持の重要性**がある。家族は人間の間の基本的な関係であるから、それがなるべく平穏に維持できることが望ましいことは確かである。未成年の子など、経済的な扶養や精神的な支えを必要とする者が関係する場合には、特にそうであろう。また、仮に離婚など関係の終了による対応が望ましい場合であっても、子の監護や扶養などその後も何らかの関係が当事者間に残存することが多く、それが円滑に進むためにはなるべく円満に解決が図られることが望ましい。そのような観点からは、話合いに基づく同意による紛争解決が重視されるべきことになろう。

このような家庭関係事件の特徴を考えれば、通常の民事訴訟とは別個の紛争解決の仕組みが必要になってこよう。

紛争解決の仕組み

以上のような点を考慮して、現在の制度は、家庭関係紛争について通常の民事訴訟とは別の紛争解決の仕組みを用意している。

(ⅰ) **家事審判**　第1に、簡易迅速で秘密の保持が必要である紛

争について、訴訟とは別の**家事審判**という紛争解決手続が用意されている。これは、もともと紛争の存在を前提としないような裁判手続（「**非訟事件手続**」と呼ばれるもの）として創設されたものであるが（たとえば、意思能力を失った人について成年後見の開始の決定をするような場合）、家庭関係の紛争事件についても適用されることになっている（前者のような紛争性のない場合を**甲類審判**、後者のような紛争を前提とした場合を**乙類審判**という。この呼称は、家事審判法9条が甲類として39種類、乙類として10種類の審判事項を規定していることに由来する）。

たとえば、ある人が亡くなり、その相続人の間で遺産分割の協議がまとまらない場合には、遺産分割の審判が行われる。これは、訴訟手続のように、原告と被告に分かれて当事者が対立した中で主張立証が展開されて判決が下されるという手続ではなく、複数の当事者が関与するものの、原告・被告という対立構造を前提にせず、裁判所が後見的な形で、広い裁量に基づいて積極的に手続に関与し、期日も法廷における口頭弁論ではなく非公開で行われ、主張立証も比較的自由な形で展開された後に、裁判所が決定により裁判するものである。

(ⅱ) **人事訴訟**　以上のような家事審判は、非訟事件手続の一種であり、前述のように、非公開の場で行われるものであるので、国民の裁判を受ける権利を保障した憲法32条や公開法廷での審理を保障した憲法82条との関係で、その対象は限定されている。判例によれば、当事者の主張する実体的権利義務を終局的に確定する場合には、それは純然たる訴訟事件であり、必ず公開法廷での審理を前提とした訴訟手続によらなければならないとされる。その意味で、家事審判によることができるのは、実体的権利義務の確定を対象とはせず、それを前提とした上で権利義務の具体的な内容を形成する

場合に限られることになる。したがって、家庭関係の事件であっても、実体的な法律関係の確定を目的とするときは、訴訟手続によらざるをえないが、その場合でも、前述のような家庭関係事件の特殊性は残る。

そこで、そのような場合には、民事訴訟の特別手続として、**人事訴訟手続**が用意されている。人事訴訟手続では、通常の民事訴訟の弁論主義とは異なり、職権探知主義が適用されるなど裁判所による真実発見が重視され、通常の民事判決の効力の相対性とは異なり判決の**対世効**により身分関係の法的安定が確保されるなど様々な特則が定められている（詳細については、⇒次節**2**参照）。離婚訴訟や親子関係訴訟（認知訴訟、親子関係確認訴訟等）などが人事訴訟となる。

(ⅲ) **家事調停**　以上のように、家事審判や人事訴訟という形で、通常の民事訴訟とは異なる紛争解決手続が用意されているが、さらにこの分野の紛争では、前述のように、特に話合いによる円満な解決が重視されるため、**家事調停**の手続が用意されている。民事についても民事調停の手続があるが、家庭関係紛争の分野では特に話合いを重視するという観点から、家事調停は家庭関係に専門的知見を有する**家事調停委員**を中心に専門的に行われ、また場合によっては**家庭裁判所調査官**などの専門家の関与も想定されている。

そして、人事訴訟を提起する際には、必ずその前に家事調停を経ていなければならないとする**調停前置主義**がとられ、話合い重視の姿勢が制度的にも明確にされている（家事審判の事件では制度上の調停前置主義はないものの、実際上多くの事件で家事調停が先行している）。実際にも、年間13万件程度の調停申立てがあり、そのうちの約半分の事件で調停が成立しており、家庭関係紛争の解決に占める家事調停の役割には大きなものがある。

家庭裁判所

 以上で見てきたように、家庭関係の紛争解決については特徴的な手続が用意されているが、それを制度的に支えるものとして、それらの手続を取り扱う専門裁判所である家庭裁判所がある。上記の家事審判、人事訴訟及び家事調停の手続はすべて家庭裁判所の管轄に属するものである。家庭裁判所は、戦後新たに創設された裁判所であり、戦前にはなかったものである（なお、家事審判法も戦後制定されたもので、その中で家事審判及び家事調停の手続が新設された）。このような裁判所が創設されたこと自体、家庭関係紛争の特殊性に対する理解を前提にしたものと考えられるが、家庭裁判所には前述の家庭裁判所調査官を中心とした専門家が配置され、実際の運用においても、地方裁判所などとは異なる独自の「文化」を産み出したように思われる。その意味で、家庭裁判所は戦後の裁判所改革の中で大きな成功を収めたものと評価することができよう。

 そのような家庭裁判所の成功を受けて、その役割をより拡充し、国民の便宜を増進するため、2003（平成15）年に人事訴訟が地方裁判所から家庭裁判所に移管された（同時に人事訴訟法が制定された）。それまでは人事訴訟も民事訴訟と同様に地方裁判所が管轄していたが、その結果として離婚訴訟等では、まず家事調停を家庭裁判所に申し立て、それが不調になった後には地方裁判所に行かねばならず当事者に不便であったことに加えて、地方裁判所では家庭裁判所調査官の専門的知見を生かすことができないなどの不便があったため、このような移管がされたものである。その結果、現在では、前述のように、家事調停、家事審判、人事訴訟という家庭関係紛争の領域を全面的に家庭裁判所が担うことになった（ただ、人事訴訟以外の相続関係訴訟、たとえば遺言無効確認訴訟・遺産確認訴訟などは通常の民事訴訟とさ

れ、依然として地方裁判所等の管轄とされていることが問題として指摘されている)。

紛争解決の流れ

　以上のようなところから、たとえば、離婚をめぐる紛争については、当事者はまず離婚調停を家庭裁判所に申し立てることになる。そして、調停が成立しない場合には、同じ家庭裁判所において離婚訴訟（人事訴訟）を提起し、そこで強制的に離婚が成立することになる。そして、離婚の際になお積み残した問題がある場合には（子の監護や財産分与など。これらは調停や判決で離婚がされる場合には通常同時に解決がされるが、協議離婚の場合等には離婚時に解決がされず問題が残されることも多いし、離婚後に事情が変わったときは親権者の変更などが必要となることもある）、その点を家事審判によって解決することになる。

　また、ある人が亡くなりその遺産をめぐって相続紛争が生じた場合には、やはり遺産分割の家事調停を家庭裁判所に申し立てることが通常である（ただ、人事訴訟の場合とは異なり、調停前置主義ではない）。そして、調停が不調に終われば、遺産分割の家事審判に移行することになる。その際に身分関係（相続人の範囲等）の前提問題が争われるときは、別途人事訴訟（親子関係確認訴訟等）が家庭裁判所に提起されることになる（前述のように、同じ前提問題でも人事訴訟に該当しない場合には〔遺言無効や遺産確認等〕、地方裁判所における民事訴訟によって解決されることになる）。

2　家事事件手続の現状

　以上が家庭関係紛争の特殊性とそれに応じた家庭関係の紛争解決手続の概要であるが、次に以下では、家庭関係事件の手続の現状に

ついて概観しておくことにする。これらは、既に見たように、人事訴訟を中心として、司法制度改革の影響を受けて近時大きく変容したものである（また、家事審判・家事調停でも現在大きな制度改革の動きがあるが、これについての詳細は、⇒**3**）。

人事訴訟制度

まず、人事訴訟の手続である。前述のように（⇒**1**参照）、人事訴訟は、かつては地方裁判所の管轄とされていたが、2003（平成15）年の裁判所法の改正によって家庭裁判所の専属管轄事件とされている。その際に、新たな人事訴訟法が制定され、人事訴訟手続は面目を一新した。以下では、その訴訟手続の特徴について、民事訴訟と比較した特則を中心に簡単に見てみよう。

(i) **職権探知主義**　人事訴訟における最大の特徴の1つは、**弁論主義が適用されない**点である。裁判所は、当事者が主張しない事実であっても職権で探知して判決の基礎とすることができるし、当事者が自白した事実と異なる事実を証拠により認定することもできる。職権探知主義の採用である。通常の民事訴訟は、原則として私人間の財産関係の紛争に関するもので、当事者の私的自治に委ねられる法律関係が対象となるのに対し、人事訴訟の対象となる身分関係については当事者の自治に委ねることができず、裁判所が真実の発見を図る必要があるからである。

(ii) **秘密保護の手続**　また、身分関係が特にプライバシー保護の要請の強い分野であることにも鑑み、**秘密保護**のための手続が設けられている。たとえば、離婚訴訟において、離婚原因となるようなDVの行為について一般公衆の面前で証言することが憚られるものであるような場合、証言を強いることはプライバシーの利益に著しく反する一方、証言を断念することは真実の発見にそぐわず、当

事者は進退窮まることになりかねない。そこで、人事訴訟法は、そのような場面では、特に証人尋問等を公開しないで行うことを認めている。裁判の公開は、前に見たとおり（⇒第6講参照）、憲法で定められた大原則ではあるが、憲法も弁論の公開が公序良俗に反する場合には例外的に非公開審理を認めているところ、人事訴訟で上記のような事態に陥る場合には公序良俗違反を避けるために公開の停止が必要と判断されたものである。

(ⅲ) **判決の対世効**　次に、やはり身分関係の特質として、**統一性の要請**がある。身分関係は社会の基本をなす法律関係であるので、それはすべての人の間で統一的に定まっている必要がある。ある男女が、ある人たちとの関係では夫婦であるが、別の人たちとの関係では離婚して他人であるとすると、社会生活関係が著しく不安定になってしまうからである。そこで、人事訴訟の判決はすべての人との関係で効力を有するものでなければならない（これを「**判決の対世効**」と呼ぶ）。この点が、判決の相対効（⇒第8講2参照）を原則とする通常の民事訴訟と大きく異なる点である。先に述べた職権探知主義の採用といったことは、判決効が広く一般に及ぶこととも関係する。そして、そのような広い判決効を認めるためには、各事件についてその法律関係を争うのに最も適切な者が当事者となっている必要がある。そのため、人事訴訟では基本的に訴訟類型ごとに当事者適格が法定されており、それ以外の者は当事者にはなりえないような規律がされている。

(ⅳ) **附帯処分**　最後に、人事訴訟では訴訟物とされる法律関係に付随する事項について、**附帯処分**として同時に審理判断することができることとされている。たとえば、離婚訴訟においては、訴訟物となるのは夫婦関係の解消の問題であるが、それに附帯して、夫

婦間に未成年の子がある場合にはその子の親権者を定めることや、離婚に伴う財産分与を定めることも同時に判断することができる。これらの処分は、本来は次に述べる家事審判で扱われるべき事項であるが、できるだけ1回の裁判ですべての事項を定めてしまうことが当事者の便宜に適うと考えられたものである。ただ、その実質は、訴訟事項ではなく審判の対象となるはずの問題であるので、その審理に際しても家事審判と同様の扱いが認められている。とりわけ附帯処分に関する事実の認定については、証拠調べだけではなく事実の調査によることができるものとされ、家庭裁判所調査官の調査を行うことができる。後述のように、これは子の監護の処分等をする場合には大変有用なものであり、人事訴訟を家庭裁判所に移管したことの大きなメリットの1つと解されている。

家事審判制度

次に、家事審判の特徴についてみてみよう。家事審判は、前述のように、そもそも訴訟手続ではなく、非訟事件の一種であり、民事訴訟とは（また人事訴訟とも）相当に趣を異にする手続である。前にも見たように、家事審判には、紛争性を前提としない**甲類審判**と当事者間に実質的に紛争が存在する**乙類審判**とがある。甲類審判としては、子の氏の変更、相続放棄の申述、後見開始、自筆で作成された遺言書の検認、相続人が明らかでない場合の相続財産管理人の選任などがある。最近では、成年後見制度の普及に応じて後見関係の事件が増加する傾向にある。また乙類審判としては、離婚した夫婦の子の監護に関する処分、親権者の指定や変更、婚姻費用の分担、遺産分割などが典型的なものである。ここではとりわけ、離婚件数の増加や夫婦間の対立を反映して、子の監護に関する処分が著しく増加している。

以上のように、家事審判と一言で言っても、極めて多様な事件の類型があり、その審理の手続も様々である。ここでは、それらの基本的な特色について簡単に述べてみたい。まず、前述のように、家事審判は決定手続であり、訴訟のように、公開の口頭弁論の手続を前提にせず、非公開で審理がされ、また審問期日のように期日を開いて審理をする場合もあれば、完全な書面手続によることも可能である。このような形で、一方では柔軟な手続により事案に即した簡易迅速な審判を可能とし、他方ではプライバシーの保護を図っている。また、裁判は判決ではなく決定とされ、不服申立ても控訴・上告ではなく抗告とされる。

 さらに、事実の認定についても、必ずしも証拠調べによらず、事実の調査という、より非定形的な方法によることが認められている。この点で実際上特に重要であるのは、家庭裁判所調査官による調査が認められることである。とりわけ親権者の変更や監護権の帰属が問題とされる場合には、子の意向やその養育環境等の審理が重要となる。ただ、それは子の福祉に配慮した慎重な方法が不可欠であり、方法を誤ると、子の心に大きな傷（トラウマ）を残しかねない。そこで、そのような問題について心理学・社会学等の専門的知見を有する家庭裁判所調査官が関与して、子に対する調査を行うことができることは極めて重要であり、家庭裁判所のメリットを示すものである。

家事調停制度

 以上のような人事訴訟や家事審判の形で最終的には裁判所の裁判によって紛争が解決されるが、前述のように、家庭関係事件では、なるべく円満に関係の継続や解消を可能にするため、できれば話合いによる解決が期待される。

そこで重要な役割を果たすのが家事調停の手続である。これは、家庭裁判所の裁判官（審判官）1名と家事調停委員2名とで構成される家事調停委員会が行う話合いの仲介の手続である。人事訴訟事件では調停前置主義という考え方がとられており、訴えの提起の前には必ず調停手続を経なければならないし、家事審判事件ではそのような定めはないものの、紛争性のある乙類審判では実際上大半の事件でまず調停が申し立てられている。家事調停は、ADRの一種ではあるが（⇒第1講参照）、このように裁判手続に相当程度組み込まれたもので、また家庭裁判所調査官の関与が可能であるなどかなり特色のある手続である。実際上、相当の割合の事件で調停が成立しており（⇒1参照）、その意味で、家庭関係の紛争解決に大きな役割を果たしている。

3 家事事件手続の将来──法改正の動向

　以上が家庭関係の紛争解決手続の概要である。このように、訴訟という形でも非訟という形でも、家庭関係の事件の特色を踏まえた独特の手続が構成されている。そして、既にふれたように、人事訴訟については、その家庭裁判所への移管に伴い、旧人事訴訟手続法が改正される形で、新たな人事訴訟法が制定されている。これによって、19世紀に立法された古色蒼然とした法律は姿を消し、近代的な装いを有する人事訴訟が実現されることになった。

　この分野における現在の課題は、家事審判・家事調停の現代化である。これらの手続を定める家事審判法（及びかなり手続の中身に踏み込んで規定する家事審判規則）は、戦後すぐの法律であり、制定後既に60年余りが過ぎ、現在の感覚に合わなくなっている。また、これ

らの手続に関する規定は、非訟事件手続法を準用しているが、この法律は19世紀に制定されたままほとんど実質的な改正を経ていないものである。そこで、2009(平成21)年春に、非訟事件手続法及び家事審判法の家事審判手続・家事調停手続を改正するため、法制審議会における議論が開始した。

改正の主要論点

今回の改正の課題は、既に述べたように、時代に合わなくなっている法律の規定を全面的に見直し、一種のオーバーホールを図ることであるが、以下では、改正に際しての主要な論点となりそうな事項について紹介してみたい。

(i) 当事者の手続保障の拡大　まず、最大の問題は、当事者の手続保障の拡大である。そもそも、家事審判など非訟事件では、「当事者」という概念がはっきりしていない。その結果、当事者に対して与えられるべき手続保障が誰に対して与えられるのか、明確にはなっていない。そこで、第1の課題として、非訟事件手続における当事者の概念を明確にするとともに、当事者には含まれないとしても、一定の手続保障を付与すべき主体が存在しないか、またそのような主体（利害関係人）がある場合にはその者にどのような手続権を付与するか、といった問題を考える必要がある。この点では、特に家事審判において、未成年の子の意向の尊重などその手続保障が重要な課題となろう。

非訟事件手続においては、訴訟手続とは異なり、当事者に対する手続保障が十分ではない。それは、同時に非訟事件手続の簡易迅速性や秘密保護性など手続の利点にも繋がっているものである。しかし非訟事件でも、とりわけ家事審判の一部の事件のように当事者の利害対立が大きい紛争性の強い事件では、やはり十分な手続保障を

図っていくことが不可欠と考えられる。そこで、たとえば、申立てによって事件が係属したことを（申立書の送付等によって）相手方に通知すること、証拠調べや事実の調査を行うについては当事者にその申立権や立会権を付与すること、手続の過程を記録化して事件記録について当事者に閲覧・謄写権を認めること、審理を終結するに際しては当事者にその旨を明らかにして攻撃防御の機会を与えることなどが検討の課題とされる。

　このような形で当事者に十分な手続保障を与えることは、強制的な裁判により当事者の権利関係を形成する以上、たとえ非訟であっても、やはり必要不可欠な前提になるものと考えられる。もちろん簡易迅速等の家事審判のメリットに対する配慮も必要であるが、手続保障の要請は時にそれを犠牲にしてであっても確保しなければならないものである。また、家事審判や非訟事件における手続保障は、裁判手続としての最低限の要請である実質的な意味での手続保障のあり方を考えることを意味し、民事訴訟における手続保障を考察するにあたっても有用な手掛かりになる。

　(ⅱ) 簡易迅速な事件処理　　既に述べたように、家事審判においては、簡易迅速な事件処理が重要な要請となる。家庭関係という国民に身近な紛争にあっては、必ずしも弁護士が代理人として関与しなくても、本人が手続を追行できることが望ましいであろう。また、家庭関係の紛争においては、紛争状態にあること自体が当事者にとっては大変な重荷になり、解決が長引けば感情問題など紛争がさらにこじれることも一般的であり、できる限り迅速な紛争解決が望まれる。そこで、先に述べたような最低限の手続保障を図りながらも、可及的速やかに審判に至ることができるような手続を構築する必要がある。

そのために、今回の改正では、当事者に一定の範囲で**事案解明協力義務**を認める旨の議論もされている。これは、家事審判において基本的な審理方法となる職権探知主義を前提にしながらも、当事者が裁判所に完全に依存して積極的な攻撃防御を行わなくなることを防止するために、当事者にも事案の解明に協力する義務を認めて、迅速な審理を図ろうとするものである。既に遺産分割審判の手続などでは、このように当事者にも一定の責任を負わせる審理方式が実務上とられて、一定の成果を上げているとされるところ、家事審判一般にそのような事案解明協力義務を認める方向である。このほか、テレビ会議システムや電話会議システムなど民事訴訟で一定の成果を上げている方法を家事審判に導入することなども検討されている。

(ⅲ) **手続の明確化**　このほか、手続の明確化を図るための改正事項も検討対象とされている。家事審判法は、その固有の規定のほか、非訟事件手続法を包括的に準用しているが、非訟事件手続法では明確にされていない手続の事項も多い。たとえば、当事者が手続中に死亡した場合、民事訴訟では手続が中断し、その手続を引き継ぐ者がある場合には受継の手続がとられるが、非訟事件や家事審判ではそのような場合の取扱いが明確ではない。

また、家事審判では、その前提問題が民事訴訟として争われる場合も少なくない。たとえば、遺産分割審判の前提として、どの範囲の財産が被相続人の遺産となるかが民事訴訟で確定されなければならず、審判手続中に遺産確認の訴えが提起された場合には、事実上審判手続が停止されるが、その点の明確な規定がない。あるいは、不服申立て後の抗告審の審理の方法も明確なものではない。このような手続のあり方を明確にし、当事者の予測可能性を高めることは重要な改正課題である。

(iv) **家事調停手続と家事審判手続の連続性**　最後に、**家事調停手続と家事審判手続の連続性**をどのように考えるかも重要な問題である。現在は、家事調停で調停が不成立に終わった場合には、審判手続に当然に移行することとされている。そして、調停手続の中で提出された資料も当然に審判手続の資料になると理解されている。しかし、そのような形で、合意によるADRの手続資料が裁断型の審判手続の資料とされることに問題もなくはない。合意による解決を図ろうとする当事者は、その範囲で様々な資料を提出しても、それが審判手続の資料になるとすれば、提出を避けるということも十分考えられ、そのような資料流用はADRにおける合意の妨げになるおそれが大きいからである。他方、当事者がそのような流用の可能性をキチンと理解せずに、調停の中のことであるからと気軽に資料を提出したような場合は、それを審判で利用することは不意打ちとなり、審判手続上の手続保障としてやはり問題がある。したがって、そのような資料の当然移行を止めて審判の段階で改めて当事者に資料を提出し直す機会を付与するか、当然移行を維持するのであればそのような資料流用の可能性を調停段階であらかじめ当事者に告知するか、いずれかの途が選択されるべきように思われる。いずれにせよ、このような問題はADRと裁判手続との連続性に関する困難な課題であり（⇒第1講参照）、その解決の議論は注目される。

3 家事事件手続の将来

> **コラム**
>
> ● **子ども代理人**
>
> 　家事審判法の改正の議論の中で、子ども代理人制度の創設の提案がある。これは、子の利益が問題となるような家事審判事件、たとえば親権者の指定・変更や監護の方法に関する審判手続において、子どもを代理する代理人の手続関与を認めるという考え方である。このような手続では、対立する当事者は夫婦（あるいは元夫婦）であり、子ども自体は当事者ではない。したがって、子の意向は、家庭裁判所調査官による事実の調査などで明らかにされることはあるものの、子どもには手続に主体的に関与する地位が認められているわけではない。しかし、このような審判の結果が子の利害に大きく影響することは明らかである。
>
> 　そこで、夫や妻の代理人とは別に、子どもにも独立の代理人を付して、子の利害関係を直接審判手続に反映することが考えられよう。欧米では現にこのような代理人制度が認められている国も多いという。この場合、その費用の負担が1つの問題となる。困難な課題であるが、たとえば、一次的には国が（法律扶助などで）立替負担しながら、最終的には、審判の結果によって割合を定めて親に負担させるようなことが考えられよう。子は、親の紛争に巻き込まれた「被害者」であり、それを保護する責務が国にあるという考え方は、日本ではなかなか受け入れが難しいかもしれないが、少子化が進む社会の中で十分考えていく必要がある問題であろう。

/ 第5部

民事訴訟手続の将来

Bridgebook

第 *15* 講
新たな司法制度の下での民事司法サービスの展望

1 司法制度改革の民事裁判手続への影響

　これまで、民事訴訟及びそれに隣接する手続に関して、その現状と課題について紹介してきた。本書の最後となる本講においては、そのような認識を前提にしながら、民事訴訟手続の将来について考えてみたい。

利用しやすい民事訴訟へ

　そのような将来を検討するに当たってまず手掛かりとなるのは、まさに21世紀の司法のあり方を規定する司法制度改革とその民事訴訟への影響であろう。2001(平成13)年に公表された司法制度改革審議会の報告書においては、民事司法の改革についても詳細な議論がされている。そこでは、「国民の期待に応える司法制度」として、「利用しやすい民事訴訟」という点が目的とされ、様々な改革方策が提案されている。

　すなわち、民事裁判を充実・迅速化するために、計画審理の推進や証拠収集手続の拡充が提案されている。また、専門訴訟への対応として、専門委員制度の導入や鑑定制度の改善のほか、知的財産関係事件や労働関係事件についての個別の対応策も提言されている。

そして、国民に身近な裁判所である家庭裁判所・簡易裁判所の機能の充実も提言され、人事訴訟の家庭裁判所への移管や簡易裁判所における少額訴訟の機能の拡大なども求められていた。また、判決が出た後の権利の実現の実効性を確保するため、民事執行制度の強化も提言されていた。さらに、裁判所へのアクセスの改善を図るため、利用者の費用負担の軽減や民事法律扶助の拡充、また裁判所の利便性の向上などが求められた。最後に、当事者のニーズに応じた多様な紛争解決方法を整備するという観点からは、ADR の拡充活性化が提言されたところである。以上のような、直接に民事司法をターゲットとする改革の提案については、これまでの各講の中で詳細に紹介してきたように、ほぼすべて何らかの形で実現に至っている。

　以上のように、司法制度改革の後、民事裁判制度は様々な面で画期的な進展を果たしている。特に目に見えるものとして、知的財産関係事件を始めとした民事訴訟事件の迅速化、労働審判制度の成功による労働事件の増大、少額訴訟の成功による新たな類型の市民間紛争事件の増大などである。ただ、他の部分では、確かに制度・手続は整備されたものの、それが国民による制度の利用やサービスの改善に必ずしも直結していないところも多い。法律扶助等を担当する日本司法支援センター（法テラス）の知名度の不足、ADR の認証制度創設後も続くその利用の低迷などである。「改革」というものは、常に1回で100％の成果を上げうるものではない。十分な成果を上げられなかった分野に関しては、その原因を真摯に究明し、新たな改革の方途を継続的に探っていかなければならない。衆目の一致するところ、司法制度改革の方向性は間違ったものではなかったはずであり、そうであれば、その目的をさらによりよく追及するために叡智を集めていく作業が将来にわたって求められることになろう。

1 司法制度改革の民事裁判手続への影響

司法制度改革の間接的な影響

　以上は、司法制度改革の中で、直接民事裁判のあり方に関連して議論がされた事項である。しかし、そのような直接の影響に加えて、司法制度全体の改革が、民事裁判のあり方にも様々な形で影響していくことが考えられる。見方によっては、そのような潜在的・間接的な影響の方が中長期的に見れば民事訴訟の将来に大きな影響を与える可能性があろう。

　(i) **法曹人口の増大**　そのような影響の中で最も重大と思われるものが、**法曹人口の増大**の影響である。司法制度改革審議会の報告書は、国民生活の様々な場面で法曹に対する需要がますます増大し、多様化・高度化することが予想される中で、法曹人口の大幅な増大が（その質的な強化とともに）不可欠の課題であるとした。そして、具体的には、2010(平成12)年頃に毎年の司法試験合格者数を3000人程度とし、2018(平成30)年頃には実働法曹人口を5万人規模とすることが提言された。現在、様々な議論があり、そのスピードが若干緩められているものの、概ねそのような方向で法曹人口の増大が図られているところである。そして、法曹人口の増加は当然民事訴訟のあり方に様々な影響を与えることになる。この点では、負の方向の影響が喧伝されることが多い。人口増により「食いはぐれた」弁護士が筋の悪い訴訟を大量に提起し、「訴訟社会化」をもたらすとともに、裁判所の負担を増大させるというものである。確かにこのような傾向は既に一部現実化していることは否定できない。民事訴訟がこのような状況に立ち向かうためには、訴訟手続の当事者主義化を進めるとともに、代理人の訴訟活動によって当事者が敗訴することがありえることを正面から認めていく必要があるだろう。

　しかし、法曹人口増大の民事訴訟への影響は、そのような負の側

面ばかりではない。むしろ、今までは法曹の不足によって正当な司法アクセスが妨げられていた当事者の提訴が可能になり、司法によって救済される権利が増大し、その結果として日本社会に対する法の支配が高まることが予想される。現に、これまで弁護士がいなかった地域や少なかった地域では、法テラスその他の形で弁護士が常駐するようになって、訴訟事件数が増加していることが報告されている。国民の司法へのアクセスが日本全国で保障される方向にあることは疑いがない。

　また、法曹人口の増加による弁護士間の競争の激化により、弁護士事務所の巨大化や専門化が進んでいる。そのような方向性は、依頼者の権利利益の保護という観点からは、望ましい作用をもたらしうるものであろう。特に高度専門化した日本社会においては、専門訴訟において正当な権利保護を図るためには、代理人である弁護士の専門化は避け難いところである。今後の日本においては、現在の医療界がそうであるように、地域医療に相当する「地域法務」を担当するジェネラリストの小規模弁護士事務所が全国に多数、隈なく展開するととともに、大学病院等に相当するあらゆる分野の専門家を擁した大規模事務所や特定分野に特化したブティック的な専門事務所などが有機的に連携機能しながら、国民各層の法律問題に対応していくことが期待されよう。

　(ⅱ) 刑事司法からの影響　以上のような法曹人口の増大のほか、やはり間接的な意味で、民事訴訟のあり方に影響しそうな事項が多くある。その中で、筆者の最も注目しているのは、裁判員制度を中心とした刑事司法改革の民事訴訟制度への影響である。一見したところ、刑事裁判の改革は刑事司法に関することであり、全く別の手続として構成されている民事司法には影響するところはないように

も思われる。

　しかし、たとえば、裁判員制度を可能にするために、**公判前整理手続**や**証拠開示手続の導入**が刑事訴訟でなされたことは、間接的に民事裁判のあり方にも影響しうると思われる。裁判官や弁護士の多くは刑事訴訟だけを担当しているのではなく、民事裁判も同時に、あるいは後に担当する。そうすると、刑事の手続が合理化されれば、なぜ民事では同様の手続がとられないのかという疑問が呈されることになり、その疑問が正当なものであれば制度もそれに応えざるをえなくなるであろう。たとえば、当事者間の証拠開示が刑事訴訟で当然のものになれば、民事訴訟でも、陳述録取などアメリカ的なディスカバリー手続の導入が真剣な議論の対象になるように思われる。

　また、**裁判員制度の導入**自体も、国民の裁判に対する意識に大きな変容を与えうるように思われる。現在の日本国民にとって、裁判は余りに遠いものであり、一種の神話的なイメージをもたれている。しかし、裁判員制度によって、相当の割合の国民が日常的に裁判ないし裁判所に接するようになると、そのような意識は大きくかつ急速に変容する可能性があるのではなかろうか。裁判所といっても決して万能のものではなく（「遠山の金さん」だけが裁判官ではない！）、裁判における真実の発見には限界もある、といった事実を国民が身近なものとして感じるようになると、民事裁判に対する国民の期待の在り様も変化していくことが考えられる。現在一般に真実発見を何よりも重視する国民の期待は、あるいはより欧米的な意識、ある意味で裁判を1つのゲームとして捉えるような方向に変容していく契機となることは考えられ、それは民事訴訟のあり方に根底的な一撃を加える可能性があろう。

2　あるべき民事裁判手続の構想——多様性、ニーズ即応性、手続保障

　以上のように、司法制度改革の結果は、短期的にはもちろん、中長期的に見ても、日本の民事裁判手続のあり方に大きな影響を与えていくことが予想される。そこで、そのような与件を前提にしながら、21世紀に向けたあるべき民事裁判手続はどのようなものか、というやや大きなテーマを考えてみたい。ここではこのテーマについて、多様性、ニーズ即応性、手続保障といったキーワードをもとに考えいく。

多様性

　まず、「多様性」という切り口である。21世紀における日本社会は、様々な意味で多様化の途を進むものと思われる。グローバル化の進展は必然的に価値観の多様化を進めるであろう。また経済活動の多様化は、日本経済の生き残りのカギになると見られる。そのような形で社会・経済の多様化が進んでいけば、当然のことながら、それをめぐる紛争も多様化を免れない。その結果、民事裁判に対するニーズも多様性のあるものになっていくと予想される。

　そうだとすれば、そのような多様なニーズに応じた多様な裁判手続の構築が必要になっていくものと考えられる。このような切り口から日本の民事裁判手続を見てみれば、従来の手続は重装備型のものが中心であったように思われる。民事裁判の中核である民事訴訟は、いわば完全装備型の手続であり、あらゆる重大な事件に対応できるものになっている。しかし、より簡易な紛争については、いわば「牛刀をもって鶏を割く」という感もあったところである。最近になって、より軽微な紛争について、より多様な手続を用意するという方向が意図的に進められている。既に家事審判など非訟事件で

はそのような方向がとられていたが、近時の少額訴訟や労働審判の創設などはそのような方向をより一般化するものと言えよう。

　しかし、簡易迅速な手続を求めるニーズはより広範囲に存在するように思われ、それに対する対応が必要であると考えられる。これについては既に述べたところでもあるが（⇒第13講参照）、そのような形でのファーストトラックの手続を求めるニーズへの対応が考えられてよい。究極的には、訴訟手続であっても、当事者のニーズに応じた「オーダーメイド型」の訴訟があってもよかろう。筆者は、各訴訟手続で、両当事者と裁判所が手続の進め方について合意できるのであれば、それを「**審理契約**」という形にして、それに基づいて訴訟手続を進めればよいと考えている。また、そのような完全オーダーメイドではなくても、手続のあり方に様々なオプションを認めて、当事者が望めば適宜そのようなオプションを選択できるような機会を与えることも重要であると思われる。

　その意味で、現在の少額訴訟・手形訴訟・労働審判・家事審判・損害賠償命令などの特別手続について、より一般的な形で拡張していくことが考えられてよい。ただ、それが裁判手続、つまり国家による権力の行使である以上、そのような手続の構成には一定の限界も存する。その点を考えて、ニーズに対する適応を完全にしていくためには、一定の部分をADRに委ねる役割分担が必要になってこよう。この点は既に司法制度改革審議会も指摘していたところであり、裁判手続の中で多様化を図るとともに、適切に裁判手続とADRとの接合連携を果たすことによって、できるだけ広い範囲の紛争解決需要に適合する態勢を制度全体として用意することが国家に求められる役割ということになろう。

ニーズ即応性

次に、「ニーズ即応性」という観点である。前述のように、今後の日本社会においては、民事裁判に対するニーズは多様なものとなっていくと同時に、速いサイクルで新たなニーズが発生・消滅を繰り返すことになるものと予想される。社会や経済の変化のサイクルは加速度的に速くなっていくとすれば、ニーズの変化のスピードも上がっていくことになると考えられる。裁判や法に対する新たなニーズが世の中に発生した場合に、それに対して対応するのは、第一次的には立法の役割である。立法府は、そのようなニーズの変化を常にモニターし、敏速にその変化に対応して法律の改正等の作業に入るべきである。しかし、実際には、そのような対応には困難を伴う場合も多い。むしろ、そのような社会の新たなニーズは具体的な裁判の手続の中で顕在化し、司法機関が裁判手続の中でそのニーズに即応していく必要が生じる場合もあろう。裁判所はそのようなニーズに即応していくことが求められるのではないか、というのがここでの問題意識である。

たとえば、社会経済活動におけるルールが不明確な場合に、裁判によるルール形成に対する需要が大きくなっていくと考えられる。かつてはそのようなルール形成は日本では行政が担ってきた部分が大きかったが、行政改革・規制緩和等の結果、行政に対する期待が困難になる中で司法に対する期待が大きなものとなってくる可能性がある。民事司法はそのような国民の期待にも迅速に応えていくことが必要ではなかろうか。そして、企業の合併や敵対的買収事件など司法によるルール形成そのものが日本の経済・社会に大きなインパクトを与える場合には、ルール形成手続自体が迅速なものであることが求められる。実際、裁判所は、これらの事件について、仮処

分において対応することによって機敏なルール定立を果たしていると言ってよい。

　ただ、今後もこのようなルール形成が日常的に民事裁判の中で求められていくとすれば、人的物的態勢の整備も必要不可欠な課題となってこよう。たとえば、裁判官の法情報調査を支援するため、最高裁判所だけではなく、それ以外の裁判所でも調査官制度を拡充するなどの措置も考えられてよいであろう。そのような対応によって、「法の支配」における「法」が適時適切に明確化され、真の意味でその支配が社会に浸透していくことが期待されよう。

手続保障

　最後に、「手続保障」という視点である。言うまでもないことであり、またこの本でも通奏低音として現れているように、手続保障は民事訴訟のα（アルファ）であり、Ω（オメガ）である。多様なニーズに即応的に応えていくとしても、それはあくまで民事訴訟、より一般的に言えば国家権力の行使の条件として求められる最低限の手続保障を満たしていることが大前提になる。迅速な裁判が必要であるからといって、最低限の手続権を当事者に保障せずに裁判をすることがあってはならない。また手続保障の中には、当事者が仮に同意したとしても、奪うことが許されないものもあると考えられる。その意味で、上記のような動向が進めば進むほど、手続の多様性や迅速化の要請の中で、どのような手続保障が最低限度のものとして求められるのか、どの部分を削ることは許されないで最後まで守っていく必要があるのか、ということを見極める作業が重要なものになってこよう。そして、それは逆に、従来は必ずしも手続保障が重視されてこなかった非訟事件・家事審判において、必要な手続権の保障の指標ともなるであろう。これは、前に述べた実質的手続保障の議論であり、そのよう

な実質的な手続保障について、手続の種別・性質等に応じて考えていくことが今後の民事訴訟法学に求められる大きなテーマとなるであろう。

3　立法政策と民事訴訟法学の役割

　以上のような民事裁判の将来像を前提として、最後に、民事訴訟法の立法政策において果たすべき民事訴訟法学ないし研究者の役割について述べてみたい。

「予防的立法」の必要性

　2で述べた多様性やニーズ即応性といった観点を前提にすれば、迅速かつ果断な立法の必要性が、今後ますます高まっていくことは間違いのないところであろう。現在は、以前のように、数十年にわたって法律改正なしに放置するといったことは許されない時代になっている。法律についても定期的なオーバーホールの必要性は避け難い。この点は、民事裁判に関する立法についても全く同じである。従来は、法律に対して様々な批判が起きても、運用で対応できる限りは可能な限りそのような対応を図って、解釈論ではどのように頑張ってももはや対応不能という状況になって初めて、立法による対応が日程に上るというパターンが一般的であった。しかし、現代においては、むしろ法令の定期的な見直しを図って、その際にできるだけ将来の社会的変動を見据えて、それに対応できるように法制度や手続も準備しておくという「予防的立法」とでもいうような配慮が必要になってくると思われる。

理論的一貫性の重要性

　他方で、最近の立法は、しばしば業界的・個別的利益に突き動か

される形で行われる。その結果として、出来上がった法律も、そのような特殊なニーズに適応する形で、つぎはぎ的な、パッチワーク的な立法になってしまうおそれが大きいように思われる。その例として、民事手続法の分野では、民事執行法の立法があるように思われる。民事執行は、担保権実行の手続を定める法律として、金融機関などの保有する不良債権の処理について非常に重要な意味を有する。1990年代には、不良債権処理が政治経済の大きなテーマとなるに及び、民事執行法についても議員立法が繰り返されるようになった。その結果として、現在の民事執行法には、体系的な整合性について疑問も提起される状況になっているように見受けられる。

　もちろん立法は一定のニーズ、つまり立法事実があって初めて行われるべきものであり、学者の理論的満足のために法律が作られるべきものではない。そして、新たな具体的ニーズに直面して従来は理論的に到底不可能であるとされていたような制度が、様々な工夫の下で実現するという場面も少なくない。そのことは立法の進展という観点からも大変意義のあることである。しかし、他方で、理論的な一貫性を欠く立法は、結果として大きな齟齬をもたらし、予想できないようなところで不当な帰結を招来することも少なくないのである。

新しい民事訴訟法学と研究者像

　このような立法の状況の中で、法律学あるいは学者が立法の過程でどのような役割を果たすべきか、ということは難しい問題である。研究者の中心的な役割は、従来は外国法の紹介であった。これは、外国法、とりわけ欧米法を継受した日本法の沿革に由来する。外国法に基づき立法がされた場合、その国（母法国）においてその法律・条文がどのように解釈されているかを認識することが重要な意味を

もつことになる。一国の法は、法律の条文だけで表現し尽くされているものではなく、その背後にある学説や判例、さらには社会の実際がその解釈を支えているものだからである。研究者は、そのような外国法の状況を背景にまでわたって正確に理解して日本に伝えることによって適切な法解釈を可能にし、さらには外国での法改正の状況など新たな問題点を伝えることで日本の立法や判例の発展にも寄与することができた。

しかし、現在では、このような状況は大きく変容しつつあるように思われる。

第1に、日本法の成熟化というべき現象がある。日本法は、もはや明治大正の時代とは異なり、独自の発展を遂げた独立に完結した1つのまとまりとなっている。現行民事訴訟法の制定に見られるように、法律自体既に「輸入品」ではなくなり、その下で発展した実務にも日本の独自性が顕著に表れている。その中で、外国法においてどのような点が問題にされているかを紹介することの意義は（全くないというわけではないが）相対的に低下していることは明らかであろう。

第2に、実務家の海外進出というべき現象がある。従来は研究者の独占物であった外国法の情報は、今では決してそうではない。むしろ裁判官や弁護士など実務家の方が海外の情報に詳しいことも珍しくない。これらの実務家の留学体制の整備やインターネット等による情報アクセスの平等化などがその背景にある。加えて、法律情報が普及した現在では、求められる情報はより高度なものになっている。単に条文はこうなっているという話ではなく、その解釈を支えている背後の情報、つまり実務の状況などが問題になることが多く、その場合には実務から遠い学者の提供できる情報には限界があ

ることになる。

　以上のように、現在では、研究者に求められる役割は急速な変容を迫られているように思われる。とりわけ、立法政策に寄与するについて、単なる外国法の情報の提供では十分ではないとすると、学者に求められるものはいったい何であろうか。筆者にも確たる解答があるわけではないが、1つ考えられる点は、(極めて当たり前のことではあるが) 一定の理論や体系に基づいて譲れない一線を示すことではなかろうか。前述のように、立法は常に社会・経済的ニーズに基づいて行われるとすれば、その際の議論は得てしてそのニーズをそのまま受け入れるものになりがちである。あるいは対立するニーズがある場合には、両者のニーズが相互に主張し合って収拾がつかなくなることになりかねない。研究者は、そのようなニーズを認識し、それに可及的に応じながらも、「ぶれない」という姿勢、つまり理論的な体系性・一貫性が求められているのではないか。しかし、このような役割には極めて困難なものがある。これは、「すべてにノーという学者」でも「何でもイエスという学者」でも意味がないということである。一種の「是々非々路線」という困難な役割が法律学や研究者に要請されていることを意味する。体系性を保ちながらニーズに即応できること、理論的に見て整合性のある形でニーズを満たす具体的制度を提案できることが学界の力の問われる局面であると言える。

　そのような点を考えれば、今後、学問のあり方や研究者のあり方も変容を迫られることになろう。従来の研究者は、どちらかと言えば、外国法と解釈論を中心に見据えて養成されてきた。研究者の修行の段階では、専門とする外国法について深い理解を涵養できるように徹底した訓練が施され、他方では判例を中心とした解釈論の作

法を叩き込まれることが一般的であった。しかし、立法政策に対する積極的な関与が研究者に求められ、そこで以上に述べたような役割が期待されるとすれば、研究者の養成課程においても一定の配慮が求められることになろう。少なくとも、新たなタイプの研究者の養成にも対応できるような形で、その養成課程を再構成することが求められるのではなかろうか。立法論という観点を考えれば、法社会学、法と経済学など隣接的な学問分野に関する理解が重要なものになってくる。若い頃からそのような知見を踏まえた研究者を養成することによって初めて研究者が立法過程でも十分な寄与を果たすことが可能になるのではなかろうか。民事訴訟法の世界でもそのような学問が盛んになり、新たなタイプの研究者が養成されることによって、新たな民事訴訟法学が現出していくことを期待したい。

コラム

● 法科大学院と民事訴訟法

　司法制度改革の民事訴訟への影響を本文で検討したが、その点で見逃し難いものとして、法科大学院制度の民事訴訟法への影響がある。法曹人口の増大の中で法曹の質を確保する方策として司法制度改革審議会が提言したのが、法科大学院制度を中核とした新たな法曹養成制度であった。法科大学院の中で多様な法的知見を修得し、法的に考える力を備えた多様な人材が法律家の道を進めば、そのような法曹が動かす民事訴訟も今とは相当違ったものになる可能性がある。特に、理科系の学部から法律家を志した者や社会人経験を有する法曹が多くなってくれば、裁判に対する見方が変わってくる可能性は大きい。とりわけ他分野から見たとき、あまり合理的とは言い難い「因習」が裁判には付き物であるとすれば、新たな眼をもつ参入者から「王様は裸である」と批判され、その改革が進むことが期待で

きよう。

　また、本文の最後に挙げた研究者の役割という観点からも、法科大学院制度は大きな意義をもちうるものである。現在は、どこの法科大学院でも、研究者の養成は困難な課題となっている。端的に言えば、法科大学院の学生の中で研究者を志望する者が少ないという問題である。このままでは、研究者の後継の養成が困難になる可能性も懸念されている。仮にいったん実務家になった後に研究者に転身する者が出てきたとしても、その際には、法律学のあり方自体が大きく変容するおそれがある。若い時代に本文で述べたような、外国法や解釈論の「修行」が十分ではない者が研究者の多数を占めていくとすれば、法律学のあり方は確実に変容するであろう。しかし、これは悪い面だけではない。法科大学院の中で、法と経済学など従来の学部教育では十分ではなかった隣接分野の学問に体系的に接し、実務の経験を有する者が研究者となれば、本文でも述べたように、研究者に求められる新たな期待に対応しうることになるかもしれない。

　問題はバランスであり、伝統的な研究者と新世代の研究者がうまくバランスをもって養成される必要があろう。現在はまさに「産みの苦しみ」の時期であるが、この過渡期をうまく乗り越えられることを、筆者も当事者の１人として心から期待している。

事項索引

〔あ行〕

明渡しの催告 …………………………159
あっせん ………………………………14
異議の申立て …………………………147
遺産確認の訴え ………………………229
遺産分割の審判 ………………………218
移　送 …………………………………63
一応の推定 ……………………………186
一期日審理の原則 ……………………202
依頼者 …………………………………103
医療関係訴訟 …………………………190
医療紛争 ………………………………13
訴えの却下 ……………………………64
訴えの取下げ …………………………119
訴えの利益 ………………………… 8, 64
ADR ……………… 14, 130, 194, 230, 241
大きな司法 ……………………………35
オーダーメイド ………………………82
乙類審判 ………………………… 218, 224
思い出の事件を裁く最高裁 ………54

〔か行〕

確認の利益 ……………………………66
家事審判 ………………………… 41, 218
家事審判法 ……………………………226
家事調停 ………………………… 219, 225
家事調停委員 …………………………219
家事調停手続と家事審判手続の
　連続性 ……………………………230
家族間の関係維持 ……………………217
家庭関係の紛争 …………………… 14, 40
家庭裁判所 ……………………… 44, 220
家庭裁判所調査官 ……… 41, 219, 220
株主代表訴訟 ……………………… 24, 69
仮差押え ………………………………169
仮執行宣言 ……………………………123
仮執行宣言付支払督促 ………………212
仮処分 …………………………………169
　――の本案化 ………………… 175, 182
　仮の地位を定める―― ……………170
　係争物に関する―― ………………169
　処分禁止の―― ……………………170
　占有移転禁止の―― ………………170
簡易裁判所 ……………… 41, 44, 204
簡易迅速性 ……………………………16
管　轄 …………………………………45
環境訴訟 ………………………………188
間接強制 ………………… 123, 156, 160
間接強制的機能 ………………………158
鑑　定 ……………… 50, 106, 108, 191
鑑定人 …………………………………108
鑑定人質問 ……………………… 109, 192
期間入札 ………………………………162
企業再生支援機構 ……………………18
企業の視点 ……………………………29
企業秘密 ………………………………26
期日の指定 ……………………………63
擬制自白 ………………………………120
起訴命令 ………………………………180
既判力 …………………………… 52, 124
忌　避 …………………………………63
求問権 …………………………………62
強制執行 ………………………… 14, 151

251

——の間接強制的機能	154
行政訴訟	68
行政との紛争	24
許可抗告	144
金銭執行	156
国と民間の役割分担	166
クラス・アクション	69, 188
計画審理	54
計画的の審理	31
経験則	106
形式的形成訴訟	126
形成権	126
形成訴訟	126
形成判決	126
形成力	125
競売の妨害	162
欠席判決	49, 120
決　定	47, 142
嫌煙権訴訟	195
検　証	50, 106, 107
現代型訴訟	195
権利の消滅原因事実	113
権利の発生原因事実	113
権利の発生阻止事実	113
権利保護説	7
合意による紛争解決	3
公　開	47
公害訴訟	185
公開停止	223
合議体	48
公共財	10
抗　告	52, 142, 143
交互尋問	110
交互面接方式	128
公示送達	49, 60
交渉仲介機能	132
公正証書	151
控　訴	52, 134
——の禁止	204
控訴審の事後審化	135
公的サービス	11
高等裁判所	44
口頭弁論	47
高度の蓋然性	111
公判前整理手続	239
公平性	11
抗　弁	92
甲類審判	218, 224
告　知	61
故障の申立て	147
子の監護に関する処分	224

〔さ行〕

債　権	156
債権執行	156, 158
債権者代位	67
再抗告	143
最高裁判所	44
最高裁判所調査官	137, 140
再抗弁	93
財産開示	164, 210
再　審	142, 145
——の訴え	146
再審事由	145
裁判員制度	239
裁判外紛争解決手続	14
裁判官	70
裁判拒絶の禁止	47
裁判沙汰	21
裁判所	70

——の種類	44	司法制度改革審議会	28
裁判所調査官	199	司法の役割	197
裁判迅速化法	31, 121	司法へのアクセス	22, 34
裁判を受ける権利	33	市民の視点	29
債務名義	123	社会国家	77
裁量上告	139	弱者の保護の必要性	217
差押え	157	釈　明	74
——の禁止	158, 164	釈明義務	90
差押禁止債権	158	釈明権	75
差押禁止動産	158	宗教団体	40
差止判決	123	自由主義経済のインフラ	34
参加の利益	8	自由主義的傾向の強化	85
産業再生機構	18	自由主義的な国家観	84
三審制度	134, 137	自由心証主義	106
暫定性	173, 175	集団的消費者被害	188
事案解明協力義務	229	集中証拠調べ	51, 110
敷金返還請求	206	集中部	193
事業再生ADR	18	住民訴訟	69
事後審制	135	授権決定	160
事実の調査	225	主尋問	110
自然状態	17	手段説	88
失権効	96	主張立証の権利	48
執行証書	152	準備書面	50, 62
実効性	12	準備的口頭弁論	96
執行妨害	153, 161	準備手続	95
占有を利用した——	162	少額訴訟	22, 41, 147, 201
執行力	52, 123	少額訴訟債権執行	210
実質的手続保障	243	少額紛争	13
実体法	7	証言拒絶権	110
私的自治の原則	89	証　拠	93
私的実行	155	証拠開示手続	239
私的整理	18	上　告	52, 138
自動車損害賠償保障法	116	上告受理	141
支払督促	43	上告制限	141
自　判	135	証拠裁判主義	102

証拠調べ……………………50
証拠整理……………………93
証拠の制限…………………203
証拠法定主義………………106
上　訴………………44, 52, 62
上訴権………………………62
証　人………………………103
証人尋問……………50, 93, 106, 109
消費者訴訟…………………187
消費者団体…………………69
情報提供業務………………33
証明責任……………………113
　　──の転換………114, 116, 186
証明度………………………111
　　──の軽減…………116, 186
証明論………………………186
書　証………………50, 93, 106, 107
除　斥………………………63
職権主義……………………71
職権進行主義………………73
職権探知主義……………87, 219
処分権主義………………46, 73
自力救済の禁止……………4
審級制………………………137
審級の利益…………………179
新件部………………………96
進行協議期日………………98
人事訴訟…………………40, 219
人事訴訟法…………………226
心証開示機能………………132
審　尋………………………174
真正な文書…………………107
真相解明の重要性…………216
迅速裁判手続………………213
迅速性………………11, 172, 174

迅速訴訟制度………………54
審理改革……………………101
審理期間……………………54
審理計画…………………31, 79
審理契約…………………82, 241
新和解謙抑論………………132
スタッフ弁護士……………33
請　求………………………46
　　──の認諾…………86, 119
　　──の放棄…………119
　　──を基礎づける事実……86
政策形成訴訟………………195
製造物責任法………………117
成年後見……………………224
成立の真正…………………107
責問権………………………63
積極否認……………………92
専属管轄……………………199
選定当事者…………………188
専門委員………………31, 194, 199
専門ADR……………………194
専門参審制度………………215
専門訴訟…………………30, 190
　　──の迅速化………34
専門的知見…………………191
専門部………………………193
占有屋………………………163
送　達……………………48, 59
　　──の擬制…………60
争点効………………………124
争点整理……………50, 75, 91
訴　額………………………45
即時抗告……………143, 146, 179
続審制………………………135
訴　状………………………48

——の送達 …………………59
訴訟記録の閲覧謄写 ……………63
訴訟社会化 ………………………237
訴訟上の和解 ……………………127
訴訟担当 …………………………68
訴訟の終了 ………………………118
訴訟の非訟化 ……………………16
訴訟物 ………………46, 71, 124
訴訟要件 …………………………64
即決和解 …………………………127
疎 明 ……………………………177
損害賠償命令 ………16, 43, 210, 213

〔た行〕

大規模訴訟 ………………………185
大審院 ……………………………138
対世効 ……………………126, 219
対席判決 …………………………120
代替執行 ……………………156, 160
正しい紛争解決 …………………7
建物収去執行 ……………………160
短期賃貸借 ………………………163
団体訴訟 ……………………69, 188
担 保 ……………………………178
担保権の実行 ……………………152
小さな司法 ………………………28
知的財産権の保護 ………………199
知的財産権紛争 …………………13
知的財産高等裁判所 ……………199
地方裁判所 ………………………44
仲 裁 ……………………………14
調査嘱託 …………………………104
調書判決 …………………………121
調 停 ……………………………14
調停前置主義 ………40, 219, 226

直接強制 ……………………156, 159
陳述書 ……………………………111
陳述録取 …………………………239
提出命令 …………………………61
抵当権の実行 ……………………153
手形・小切手訴訟 ……………42, 201
適切な時期に提出すべき義務 ……78
適法性 ……………………………12
手続裁量 …………………………83
手続保障 ……………17, 55, 227, 243
転付命令 …………………………159
電話会議システム ……98, 99, 208
動 産 ……………………………157
動産執行 ……………………156, 158
倒産手続 …………………………15
当事者恒定効 ……………………181
当事者主義 ………………………71
当事者照会 ……………………61, 104
当事者尋問 …………50, 106, 109
当事者適格 ……………………66, 189
当事者の権利 ……………………59
当事者の自己責任 ………………56
当事者の証拠収集権限 …………103
動物訴訟 …………………………189
答弁書 ……………………………50
督促異議 …………………………211
督促手続 ……………43, 210, 211
特別抗告 …………………………142
特別上告 ……………………142, 209
土地管轄 …………………………45
飛越上告 …………………………136

〔な行〕

ナチス体制 ………………………84
ナポレオン法典 …………………84

事項索引

ニーズ即応性 …………………242
日本司法支援センター →法テラス
任意売却 ………………………154
人証調べ ………………… 51, 109

〔は行〕

売却前の保全処分 ……………163
判　　決 …………………………47
　──の言渡し ………………122
　──の効力 …………………122
　──の対世効 ………………223
判決書 …………………………121
判決乗り越え型和解 …………129
犯罪被害者の救済 ………………43
反　証 ……………………………61
反対尋問 ………………… 62, 110
判例の統一 ……………………144
反　論 ……………………………61
引渡・明渡執行 ………………159
引渡命令 ………………………157
非金銭執行 ……………………156
非公開審理 ……………………223
被告の住所地 ……………………45
非司法競売 ……………………165
非訟事件 ………………… 143, 218
非訟事件手続法 ………………227
否　認 ……………………………92
被保全権利 ……………………177
秘密保護 ……………… 16, 199, 222
秘密保持命令 …………………199
評　議 …………………………121
評　決 …………………………121
漂流型審理 ……………………100
ファーストトラック訴訟 ………17
覆審制 …………………………135

父権訴訟 …………………………69
付随性 …………………… 173, 175
附帯控訴 ………………………134
附帯処分 ………………………223
物件明細書 ……………………157
不動産執行 …………… 156, 157, 162
不服申立て …………… 133, 179
不法行為地管轄 …………………46
付郵便送達 ……………… 49, 60
プライバシーの保護 …………225
不利益変更禁止の原則 ………136
不良債権処理 …………………153
分割払い ………………………208
　──を命じる判決 …………208
文書送付嘱託 …………………104
文書提出命令 ………… 104, 186
紛争解決説 ………………………7
紛争解決力 ………………………57
紛争管理権 ……………………189
片言訟を断ぜず …………………48
弁護士の専門化 ……… 193, 238
弁論権 ……………………………60
弁論兼和解 ………………………97
弁論主義 ……………… 73, 88, 222
弁論準備手続 ……………………98
法教育 ……………………………23
法情報調査 ……………………243
法曹一元 ………………………138
法曹人口 ……………… 32, 80, 237
法秩序の維持 ……………………10
法的紛争解決説 …………………9
法的利益の救済 …………………8
　原告の── ……………………9
法的ルールの明確化 ……………27
法テラス（日本司法支援セン

ター）……………………22, 33, 236
法による裁判……………………6
法の支配……………………207
法律上の推定……………………115
法律上の争訟……………………39
法律審……………………52, 136
法律扶助……………………22, 33
補充尋問……………………110
保全異議……………………179
保全抗告……………………179
保全執行……………………176
保全取消し……………………179
　特別の事情による——……………180
保全の必要……………………177
保全命令……………………176, 178
本案代替化……………………182
本質説……………………89
本人尋問……………………93

〔ま行〕

満足的仮処分……………………171, 175
密行性……………………174, 176
民間競売（非司法競売）……………18
民事執行……………………14
民事執行法……………………15
民事訴訟制度の必要性……………4
民事訴訟手続の将来………………235
民事訴訟の目的……………………7
民事訴訟法……………………7
民事法律扶助……………………33
民事保全……………………15
民事保全法……………………101
命　令……………………47, 142

〔や行〕

薬害訴訟……………………196
優越的蓋然性……………………112
要因規範……………………83
予防的立法……………………244

〔ら行〕

ラウンドテーブル法廷……………98
利害関係人……………………227
利用しやすい民事訴訟……………235
ルール形成……………………10, 242
ルールの具体化・明確化…………27
廉価性……………………11
労働審判……………………16, 43, 210, 212
労働審判委員会……………………212
論理則……………………106

〔わ行〕

ワイマール体制……………………84
和　解……………………51
和解技術論……………………130
和解兼弁論……………………97
和解謙抑論……………………131
和解手続論……………………130
和解判事になるなかれ……………129

〈著者紹介〉

山本和彦（やまもと・かずひこ）

　1961 年生まれ
　1984 年　東京大学法学部卒業
　現　在　一橋大学大学院法学研究科教授

〈主　著〉

『フランスの司法』（有斐閣、1995 年）
『民事訴訟審理構造論』（信山社、1995 年）
『民事訴訟法の基本問題』（判例タイムズ社、2002 年）
『国際倒産法制』（商事法務、2002 年）
『よくわかる民事裁判（第 2 版）』（有斐閣、2005 年）
『民事訴訟の過去・現在・未来』（編著）（日本評論社、2005 年）
『倒産処理法入門（第 3 版）』（有斐閣、2008 年）

ブリッジブック民事訴訟法入門〈ブリッジブックシリーズ〉

2011(平成 23)年 3 月 15 日　第 1 版第 1 刷発行　2331-01011

　　　　　著　者　　山　本　和　彦
　　　　　発行者　　今　井　　　貴
　　　　　発行所　　信山社出版株式会社
　　　　　〒113-0033　東京都文京区本郷 6-2-9-102
　　　　　　　　　　　電　話　03(3818)1019
　　　　　　　　　　　ＦＡＸ　03(3818)0344

Printed in Japan

©山本和彦，2011．　印刷／松澤印刷　　製本／渋谷文泉閣
　　　　ISBN978-4-7972-2331-6　C3332　2331-0101-320-300-020
　　　　NDC 328.702 c032　民事訴訟法・司法・テキスト

JCOPY 〈(社) 出版者著作権管理機構 委託出版物〉
本書の無断複写は著作権法上での例外を除き禁じられています。複写される場合は，
そのつど事前に，(社) 出版者著作権管理機構（電話 03-3513-6969, FAX 03-3513-6979,
e-mail: info@jcopy.or.jp）の許諾を得てください。

さあ，法律学を勉強しよう！

　サッカーの基本。ボールを運ぶドリブル，送るパス，受け取るトラッピング，あやつるリフティング。これがうまくできるようになって，チームプレーとしてのスルーパス，センタリング，ヘディングシュート，フォーメーションプレーが可能になる。プロにはさらに高度な「戦略的」アイディアや「独創性」のあるプレーが要求される。頭脳プレーの世界である。

　これからの社会のなかで職業人＝プロとして生きるためには基本の修得と応用能力の進化が常に要求される。高校までに学んできたことはサッカーの「基本の基本」のようなものだ。これから大学で学ぶ法律学は，プロの法律家や企業人からみればほんの「基本」にすぎない。しかし，この「基本」の修得が職業人の応用能力の基礎となる。応用能力の高さは基本能力の正確さに比例する。

　これから法学部で学ぶのは「理論」である。これには２つある。ひとつは「基礎理論」。これは，政治・経済・社会・世界の見方を与えてくれる。もうひとつは「解釈理論」。これは，社会問題の実践的な解決の方法を教えてくれる。いずれも正確で緻密な「理論」の世界だ。この「理論」は法律の「ことば」で組み立てられている。この「ことば」はたいへん柔軟かつ精密につくられているハイテク機器の部品のようなものだ。しかしこの部品は設計図＝理論の体系がわからなければ組み立てられない。

　この本は，法律の専門課程で学ぶ「理論」の基本部分を教えようとするものだ。いきなりスルーパスを修得はできない。努力が必要。高校までに学んだ「基本の基本」を法律学の「基本」に架橋（ブリッジ）しようというのがブリッジブックシリーズのねらいである。正確な基本技術を身につけた「周りがよく見える」プレーヤーになるための第一歩として，この本を読んでほしい。そして法律学のイメージをつかみとってほしい。

　さあ，21世紀のプロを目指して，法律学を勉強しよう！

2002年9月

　　　　　　　　　　　　信山社『ブリッジブックシリーズ』編集室

松本博之=徳田和幸 編著
民事訴訟法〔明治編〕(1) テヒョー草案 I
民事訴訟法〔明治編〕(2) テヒョー草案 II
民事訴訟法〔明治編〕(3) テヒョー草案 III

松本博之=河野正憲=徳田和幸 編著
民事訴訟法［明治36年草案］（1）
民事訴訟法［明治36年草案］（2）
民事訴訟法［明治36年草案］（3）
民事訴訟法［明治36年草案］（4）

松本博之=河野正憲=徳田和幸 編著
民事訴訟法［大正改正編］（1）
民事訴訟法［大正改正編］（2）
民事訴訟法［大正改正編］（3）
民事訴訟法［大正改正編］（4）
民事訴訟法［大正改正編］（5）
民事訴訟法［大正改正編］　索引

信山社

広中俊雄 編著　〔協力〕大村敦志・岡孝・中村哲也

日本民法典資料集成
第一巻　民法典編纂の新方針

【目次】

『日本民法典資料集成』(全一五巻)
全巻凡例　日本民法典編纂史年表
全巻総目次　第一巻目次(第一部細目次)
第一部「民法典編纂の新方針」総説
　法典調査会の作業方針(＝民法修正の基礎)
　新方針(＝民法修正の基礎)
　民法目次案とその審議
　民法目次案審議前に提出された乙号議案とその審議
　甲号議案　乙号議案
　甲号議案審議以後に提出された乙号議案
第一部ⅠⅡⅢⅣⅤⅥⅦ
　あとがき(研究ノート)

来栖三郎著作集Ⅰ～Ⅲ

《解説》安達三季生・池田恒男・岩城謙二・清水誠・須永醇・瀬川信久・田島裕・利谷信義・唄孝一・久留都茂子・三藤邦彦・山田卓生

Ⅰ　法律家・法の解釈・財産法判例評釈(1)〔総則・物権〕　A　法律家　1法律家・法の解釈　2法律家における法律適用と法の遵守　3法の解釈における法律家の意義　4法の解釈における慣習法をめぐって　5法の解釈における慣習法をめぐる一、二の問題　6慣習法と法的確信に関する一考察　7いわゆる事実たる慣習と法たる慣習における学界展望　8法の解釈における財産法上の比較的　9慣習法における制限について　10立木取引における明認制度について　11債権の準占有者と免責証券　12損害賠償の範囲および方法に関する自自然法の比較的　13木取における明認制度について　14契約法における危険負担　15契約法における自自然得に関する　16日本の贈与法　17第三者のためにする契約　18日本の手付法　19小売商人の取扱担保責任　20民法上の租合の訴訟当事者能力　*財産法判例評釈(1)〔総則・物権〕
Ⅱ　家族法判例評釈〔親族・相続〕(2)〔債権・その他〕　B　親族法に関するもの　21内縁関係に関する学説の発展　22婚姻の無効と戸籍の訂正　23穂積重遠先生の離婚推定論と三の問題について　24養子制度に関する研究(講演)　25日本の養子法　26中川善之助「日本の親族法」(紹介)　C　相続法に関するもの　27共同相続財産について　D　親族法に関する財産制度　28相続紛争の自由離婚論と種積重遠先生の研究(講演)〔紹介〕　E　相続法に関するもの　29相続税と相続制度　30遺言の取消　31相続法に関するもの　32遺言するもの　F　その他、家族法に関する論文　33戸籍と親族相続法　34中川善之助「身分法の総則的課題・身分権及び身分行為」(新刊紹介)　*家族法判例評釈〔親族・相続〕付・略歴・業績目録

信山社

芦部信喜・高橋和之・高見勝利・日比野勤 編著
日本立法資料全集
日本国憲法制定資料全集

(1) 憲法問題調査委員会関係資料等

(2) 憲法問題調査委員会参考資料

(4)-Ⅰ 憲法改正草案・要綱の世論調査資料

(4)-Ⅱ 憲法改正草案・要綱の世論調査資料

(6) 法制局参考資料・民間の修正意見

続刊

塩野宏 編著
日本立法資料全集
行政事件訴訟法　1〜7

信山社

最新刊

大村敦志 著 フランス民法

潮見佳男 著 債務不履行の救済法理

潮見佳男 著 不法行為法 II（第2版）

潮見佳男 著
プラクティス民法 債権総論〔第3版〕

木村琢麿 著
プラクティス行政法

山川隆一 編
プラクティス労働法

柳原正治・森川幸一・兼原敦子 編
プラクティス国際法講義

信山社

● 判例プラクティスシリーズ ●

判例プラクティス民法Ⅰ〔総則・物権〕
松本恒雄・潮見佳男 編

判例プラクティス民法Ⅱ〔債権〕
松本恒雄・潮見佳男 編

判例プラクティス民法Ⅲ〔親族・相続〕
松本恒雄・潮見佳男 編

判例プラクティス刑法Ⅰ〔総論〕
成瀬幸典・安田拓人 編

判例プラクティス刑法Ⅱ〔各論〕
成瀬幸典・安田拓人・島田聡一郎 編　　近刊

信山社

◇民事訴訟法理論の伝統と革新◇

山本和彦 著
民事訴訟審理構造論

転換点を迎えつつある民事訴訟学の最先端。審理契約論を提唱する著者のベースとなる一冊。情報開示による民事訴訟、合意による民事訴訟、それぞれについて、ドイツ、フランス、日本を比較しつつ分析する。(1995/2 刊行)

序論　公的サービスとしての民事訴訟―民事訴訟目的論
第1部　情報開示による民事訴訟―法律問題指摘義務論
第2部　合意による民事訴訟―審理契約論

新堂幸司 著
民事訴訟の目的論からなにを学ぶか

法的な思考の源として、現役の学生から実務家まで、立ち返るべき原点。(1995/9 刊行)

高橋宏志 著
新民事訴訟法論考

平成民訴法改正に関与した著者が学者の視点から裁判官と弁護士の新民訴法へのスタンスと将来像を多面的かつ深く洞察した研究者・実務家必見の書。(1998/3 刊行)

信山社